Una sexualidad de otro mundo

Una sexualidad de otro mundo

Educación sexual ética para el mundo que se avecina

Francisco Fernández

VERGARA

El papel utilizado para la impresión de este libro ha sido fabricado a partir de madera procedente de bosques y plantaciones gestionadas con los más altos estándares ambientales, garantizando una explotación de los recursos sostenible con el medio ambiente y beneficiosa para las personas.

Una sexualidad de otro mundo
Educación sexual ética para el mundo que se avecina

Primera edición: julio, 2022

D. R. © 2022, Francisco Fernández

D. R. © 2022, derechos de edición mundiales en lengua castellana:
Penguin Random House Grupo Editorial, S. A. de C. V.
Blvd. Miguel de Cervantes Saavedra núm. 301, 1er piso,
colonia Granada, alcaldía Miguel Hidalgo, C. P. 11520,
Ciudad de México

penguinlibros.com

ISBN: 978-607-381-645-8

Impreso en México – *Printed in Mexico*

Para Lía,
que nunca te dé lo mismo

Para Mónica,
porque a través de tus ojos miro diferente

*Entendemos mejor el mundo cuando
temblamos con él, porque el mundo
está temblando en todas direcciones.*
ÉDOUARD GLISSANT

*He venido para que tengan vida
y la tengan en abundancia.*
JUAN 10:10

Índice

HACIENDO EL EQUIPAJE

Yo me voy a quedar un rato. En el cruce.
Porque es el único sitio que existe, lo
sepan o no. No existe ninguna de las
dos orillas. Estamos todos en el cruce.

PAUL B. PRECIADO

Se escribe de muchas formas: plácidamente ante una taza de café o una copa de vino; en el silencio de una cabaña con el fuego crepitando en la chimenea. Se escribe a mano o ante una pantalla; se garabatean notas en el bullicio de la calle. Se escribe por obligación o por necesidad.

Hay palabras que surgen desde la serenidad, desde la reflexión sobria y calmada, desde la mesura que se consigue al tomar cierta distancia más o menos segura. Estas no serán de esas palabras. Mis palabras, hoy, nacen de la urgencia, de la inquietud, de un afán de rebelión ante lo que veo, de la decisión de no conformarme; quiero creer que incluso de cierta esperanza.

¿Por qué urgencia?

Quizá porque cumplí cincuenta años y empiezo a ver lo que me rodea con esa "mirada de sol que se retira", de la que habla Octavio Paz en un poema que me conmueve. Y porque tengo una hija de catorce años y su mirada es la mirada del comienzo, ésa que hace que otro mundo nazca aun en medio de este mundo lastimado. Porque quiero preservar esa mirada.

Urgencia porque observo a mi alrededor y lo que veo me duele, me indigna; y entonces poco a poco me convoca y me reclama.

Porque oigo a mis pacientes decir una y otra vez que anhelan un vínculo profundo y lo que encuentran son relaciones fugaces, roce de pieles, intercambio de fluidos, algunos orgasmos que saben a *fast food* y no hacen sino aumentar su anhelo.

Porque escucho que muchas pacientes mujeres, brillantes y creativas, se viven eternamente incompletas por no tener a su lado a un hombre que las haga valer y existir.

Porque uno de los temas más recurrentes en mi consultorio es el abuso sexual y las heridas que deja en la vida de muchas personas.

Porque veo que, como dice Zygmunt Bauman, nos relacionamos con los otros como nos relacionamos con nuestros teléfonos.

Porque coincido con Rollo May cuando dice que quizá somos la cultura más obsesionada con el sexo en toda la historia y, al mismo tiempo, estamos profundamente insatisfechos sexualmente.

Porque como afirma Byung-Chul Han, me parece que vivimos en un mundo donde todo es posible menos el amor, porque el otro se erosiona y Eros agoniza.

Urgencia porque veo mi propia prisa, mi ansiedad, mi depresión, mi incapacidad de ser compasivo conmigo y de encontrarme realmente con el otro.

¿Cómo construimos esta especie de páramo, este desierto, esta "intemperie", como le llama Josep Maria Esquirol? ¿De qué modo participo creándola o dejándola estar, acomodándome a ella? No quiero más de esto. No quiero mirar hacia otro lado y alzar los hombros. No quiero resignarme. "Cuando alguien con voz rendida piensa que 'así son las cosas' —dice Carlos Skliar— toda redondez se vuelve terco cuadrado, la lluvia fina se hace torrencial, los senderos se tornan fronteras y la ternura demora demasiado en regresar".

Así que hago lo que puedo hacer, lo que sé hacer, que es poner mi palabra por escrito y tratar de conversar contigo que estás al otro lado de la página. Lo elijo así: hablar en primera persona, en nombre propio, ponerme a mí en mi palabra, y hablarte a ti, es decir, a un tú real, que existe, que eres tan real como yo, aunque no pueda verte. Así quiero evitar palabras grandilocuentes que en el fondo están deshabitadas, sin nadie que las sostenga y nadie que las acoja.

Desde hace casi veinte años me dedico a la sexología, a la psicoterapia y a la docencia. Participo en espacios educativos donde intento compartir una mirada humanista y gestáltica de la sexualidad humana.

Aquí aparece una palabra que quizá no hayas escuchado: *gestáltica*. Sucede que yo aprendí y enseño un tipo de psicoterapia llamada Gestalt. No quiero cansarte con una larga explicación, pero sí te diré que es un modelo terapéutico que se caracteriza por poner mucha atención en lo relacional, en el *entre*. ¿Qué significa eso? Que como terapeuta Gestalt atiendo no sólo a lo que ocurre dentro de mis pacientes, en su mundo interior, sino especialmente a cómo se relacionan con el mundo, con los otros y conmigo. Atiendo a lo que sucede *entre* el paciente y su entorno. Cuando me refiera al enfoque gestáltico, estoy aludiendo a este modo de mirar.

Como sexólogo recibo pacientes con diferentes heridas sexuales que intentamos sanar sesión a sesión. La sexualidad es un tema siempre presente en mi trabajo diario y en mi reflexión cotidiana.

¿Qué sucede con la sexualidad en este inicio del siglo XXI? ¿Cómo se transforma? ¿Hacia dónde se mueve? ¿Qué tipo de educación sexual hay que crear para atravesar por estos cambios? ¿Qué ética se vuelve urgente para que la sexualidad amplíe las posibilidades de lo humano en lugar de limitarlas?

Sería absurdo suponer que tengo respuesta a estas preguntas. ¿Quién podría tenerlas? Lo que deseo es hacer un espacio para esas preguntas, plantearlas y perdernos en ellas, dejar que nos inquieten, pensar y sentir a partir de ellas.

La sexualidad es una realidad compleja y viva en la que convive lo biológico, lo sociocultural, lo psicológico, lo reproductivo, lo erótico, lo afectivo, lo relacional. Y al estar viva es dinámica, es decir, se mueve, cambia, se transforma. Lo que nos parecía más estable no lo es. Creímos que podíamos sostenernos en lo biológico como algo que sería invariable: nos equivocamos. Hoy sabemos que aun eso está impregnado de ideología y política, que nuestro cuerpo es también algo cocreado, modelado, fabricado, impuesto por el poder. La sexualidad una y otra vez ha sido usada como un modo de control social, de normalización, de represión. Es también una fuerza vital y creativa que intenta escapar a toda estructura fija, que se rebela y transgrede y se reinventa. La sexualidad humana, en palabras de Jeffrey Weeks, es un invento, nuestra creación, también nuestro reflejo como sociedad, un reflejo especialmente despiadado de lo que hacemos unos con otros, de nuestro modo de vincularnos.

Quiero escribir-sentir-pensar acerca de algunos aspectos de la sexualidad contemporánea que me preocupan a mí y a las personas con las que trabajo cotidianamente y que, me parece, nos muestran una imagen de nosotros mismos que nos perturba. Si bien hay muchos temas interesantes y problemáticos en la sexualidad contemporánea, he elegido cinco que reflejan especialmente lo que está sucediendo y que de algún modo parecen señalar el rumbo hacia donde vamos:

1. El impacto de las nuevas tecnologías en nuestra sexualidad.
2. La pornografía.
3. La crisis del amor romántico y las alternativas a la pareja monógama tradicional.
4. La posibilidad de cuestionar-crear-jugar con nuestras identidades sexuales.
5. La indignación de las mujeres y su protesta.

Cada uno de esos temas me generan preguntas y no pocas veces provocan que se despierte en mí esa pequeña "tía conservadora" que vive en mi interior, como en el de casi todos, presta a sentir bochornos, a escandalizarse, a alzar un dedo acusador y a repetir hasta el cansancio aquello de que "Las cosas están cada vez peor" y "¿A dónde iremos a parar?".

Me gustaría partir de estos temas para reflexionar en lo que me parece esencial: la creación de una educación sexual ética que nos permita hacer de este mundo un lugar más habitable, compasivo y humano.

El riesgo está, creo, en mirar estos cambios y escandalizarnos, rasgarnos las vestiduras y pensar que nos ha alcanzado la barbarie y que las cosas deberían ser como fueron antes, es decir, caer en esa rancia nostalgia por un pasado supuestamente mejor que ya no es posible.

Me interesa la mirada que propone el escritor Alessandro Baricco acerca de eso que llamamos *la barbarie* (Baricco, 2009). ¿Quiénes son esos supuestos bárbaros que con su novedad acabarán con todo lo que creemos bueno y civilizado?

La sexualidad cambia, inevitablemente, como cambiamos nosotros. No hay transformación humana, ya sea avance o retroceso, que no la alcance. Algunos vemos esos cambios con preocupación, otros con asombro, otros con profunda confusión. "¿Hasta dónde llegaremos?", pensamos. "¿No será que estos cambios acabarán por destruirnos?"

Lo curioso es que cada generación se ha hecho estas preguntas ante las transformaciones que suceden. Cada generación ha concluido que dichos cambios nos llevarán al abismo. Cada generación se ha asumido como civilizada y ha supuesto que esas formas nuevas que surgen son la barbarie. Baricco nos invita a pensar en esta supuesta barbarie desde otro lugar; quizá necesitamos a los bárbaros para sentirnos civilizados, para reafirmar nuestras creencias y cerrarnos al cambio. Necesitamos a los bárbaros para confirmarnos y no movernos. No es verdad que todo se vendrá abajo como queremos creer, sino que se transformará y surgirá otra cosa, algo nuevo que nos perturba porque aún es desconocido. Desde el lugar donde estamos es fácil descalificarlo: si eso que surge no es lo que conocemos entonces es la barbarie, la decadencia. Nuestros abuelos se escandalizaron por nuestros padres de la misma forma que nuestros padres se escandalizaron por nosotros. Empezamos a escandalizarnos por nuestros hijos. ¿Qué haríamos sin ello? Baricco ejemplifica este movimiento en diferentes aspectos: la literatura, el futbol, el vino. Quizá el que me parece más evidente es el que se refiere a Google y nuestra nueva forma de acceder al conocimiento. Nos dice que hasta hace algún tiempo hemos creído que el conocimiento era llegar a un lugar específico del inmenso mar de lo que podía conocerse y profundizar en ese pequeño lugar, sumergirnos en él tan hondo como pudiéramos, conocer todo lo que hubiera en ese pequeño espacio que elegimos. Podíamos pasar toda una vida explorando esa región. Y una herramienta básica para esa exploración eran los libros. Parece que eso ha cambiado: el conocimiento que buscan las nuevas generaciones no consiste en profundizar en un pequeño espacio del mar, sino en la capacidad de desplazarse velozmente por varios puntos de la superficie y hacer conexiones entre dichos puntos. En este desplazamiento, el libro ha dejado de representar la fuente del conocimiento: es demasiado lento, demasiado pesado. Las herramientas básicas son la computadora y la web que permite acceder a muchos lugares de modo simultáneo. Baricco nos dice que esta nueva forma de conocer puede escandalizarnos, especialmente a los que vivimos aquel otro mundo que empieza a parecer superado. "¡Eso no es conocimiento!", podemos decir indignados (de nuevo la tía conservadora que vive en nosotros). Pero lo es, sólo que uno diferente al nuestro, creado para un mundo diferente y para seres diferentes. Creo que algo similar pasa con la sexualidad.

La sexualidad humana está cambiando, nos guste o no. Podemos darnos golpes de pecho y escandalizarnos, igual seguirá cambiando. Ya no es como era. No podría serlo. Y algo aún más inquietante: no podemos detenerla. Es como si hubiéramos vivido en un mundo ya conocido y no quedara más remedio que abandonarlo para ir a uno nuevo. Quizá algunos queramos quedarnos en el mundo anterior, al fin y al cabo es el que conocemos. Pero no hay opción: ese mundo conocido está por desaparecer, no preguntarán nuestra opinión, no hay modo de volver atrás. El mundo nuevo se avecina y será el único donde podamos habitar. Es hora de hacer las maletas. Y es en esto donde hay algo esencial que decidir. Si bien no podemos elegir si irnos o quedarnos (la única opción es irnos), sí podemos escoger qué llevar en nuestro equipaje. No es un gran equipaje: debemos poder cargarlo, debe ser transportable, así que hay que seleccionar con cuidado. No queda más remedio que abandonar este mundo para ir al otro; entonces nos toca elegir *qué de este mundo es suficientemente valioso y digno y bello para llevarlo con nosotros a ese mundo nuevo que empieza a vislumbrarse.* Yo preparo mi equipaje, hago lugar en mi mochila. Es tiempo de zarpar. ¿Qué debo llevar a ese mundo nuevo para poder ser quien quiero ser?

LA SEXUALIDAD QUE (QUERÁMOSLO O NO) YA ESTÁ AQUÍ

Hablemos entonces de tecnologías, de píldoras, sustancias, hormonas. De dildos y vibradores. De aplicaciones, de cibersexo, de sexting, de Tinder y Grindr. Hablemos de porno, tubes, arte erótico y postporno. Hablemos de la crisis del amor y de swingers, poliamorosos, anárquicos. De identidades, orientaciones, ficciones, performances, patriarcado y heteronormatividad. Hablemos de furia y de revuelta, de desobediencia y de censura. Hablemos de la sexualidad que ya está aquí sin que la anterior haya desaparecido.

Supongo que lo que leerás a continuación puede ser polémico o sonar perturbador. Lo que ocurre, creo, es que escribo desde el umbral, desde la frontera, en el momento mismo de la transición. Un mundo y una sexualidad se retiran o empiezan a hacerlo; otro mundo y otra sexualidad se asoman. A los de mi mundo, el anterior, el que se apaga, nos inquieta y hasta nos escandaliza lo que se vislumbra en el nuevo mundo. Pero a los habitantes de ese nuevo mundo no les importa nuestra inquietud.

Escribir en el umbral es intentar mirar lo que nace sin escandalizarme, sino tratando de conocer y comprender eso que surge. De algún modo es mirar con ojos antiguos, decir con palabras gastadas, pero aun así, mirar con curiosidad y no sólo con crítica, y decir lo que creo que me toca decir, aunque sea en el lenguaje de antes.

Cuando se mira con esos ojos, cuando detengo por un momento la crítica, cuando apago la tendencia a creer que lo anterior siempre es mejor, descubro que lo que nace es diferente, sí, inquietante, desconocido, pero también asombroso.

CREAR O SER CREADOS: SEXUALIDAD Y NUEVAS TECNOLOGÍAS

—¿Puede un robot escribir una sinfonía?
¿Puede un robot convertir un lienzo
en una obra maestra?
—¿Y podrías tú?

Isaac Asimov

¿Es que los vertiginosos avances tecnológicos nos están cambiando? ¿O es que nosotros cambiamos primero y nuestras nuevas necesidades nos han hecho crear nuevos avances tecnológicos? ¿Quién cambia a quién? ¿Qué fue primero? Creo que se trata de una transformación mutua. Somos seres dinámicos que se van haciendo al existir, no estamos terminados, cambiamos. Y sin duda, creamos tecnologías que se adaptan a esos cambios. Pero luego, esas tecnologías que son nuestra creación provocan que debamos cambiar de nuevo. De algún modo nos crean. Es decir, creamos y somos creados por aquello que creamos.

"Somos la primera generación de la historia —dice Preciado— que vive rodeada por, por no decir inmersa en, una forma digital y virtual de la realidad que constituye una tercera naturaleza" (Preciado, 2019: 75).

Cuando digo tecnología no me refiero sólo a máquinas y a dispositivos electrónicos más o menos sofisticados, a aplicaciones o programas. Según la Real Academia de la Lengua, tecnología es el conjunto de teorías y técnicas que permiten el aprovechamiento práctico de un conocimiento científico. Así, hay diferentes tipos de tecnologías posibles. Actualmente se invierten grandes sumas de dinero en hacer investigación científica sobre sexualidad. ¿Por qué razón? Quizá porque a través de la tecnología el sexo se ha convertido en una forma eficaz de control político. Vivimos, dirá Paul B. Preciado, en una era *farmacopornográfica*, en donde la industria farmacéutica y el porno modifican nuestra sexualidad (Preciado en Gros, 2015).

La bioquímica es una tecnología que ha influido enormemente en la sexualidad humana. En este caso no hablamos de máquinas sino de formas mucho más sutiles que tienen un impacto profundo en lo que somos. Tecnologías, dirá Preciado (2015: 67), que se convierten en cuerpo y entonces se vuelven indistinguibles e inseparables de nosotros.

Uno de los ejemplos más evidentes de esta farmacotecnología y quizá el que más ha transformado la sexualidad es la píldora anticonceptiva. La píldora es resultado del uso clínico de hormonas sintéticas, especialmente estrógeno y progesterona. Lo primero que podemos pensar ante tal avance científico es que ha permitido una mayor libertad sexual en la medida que ha separado el ejercicio sexual de la reproducción en las mujeres. Sin embargo, esta primera mirada es parcial. Preciado nos advierte de la otra cara de esta tecnología, de sus inicios como medida eugenésica (al principio se usó para evitar la reproducción en mujeres negras de Puerto Rico, en psiquiátricos y como modo de detener tendencias homosexuales) y de su empleo para controlar y construir cierta forma de ser mujer. ¿Cómo llega a esta conclusión? Básicamente reconstruyendo la historia de la creación de la píldora. Es interesante descubrir que la primera píldora anticonceptiva, además de evitar la reproducción, eliminaba también la menstruación. Fue rechazada y, en cambio, se creó otra píldora que reprodujera de forma artificial la menstruación. ¿Por qué? Quizá porque una mujer sin menstruación chocaría con la idea de lo que debe ser una mujer, se parecería demasiado a un hombre, pondría en duda el lugar que se le ha asignado. Es decir, la píldora anticonceptiva no sólo evita la reproducción, sino que además *produce* cierta feminidad, construye una forma específica de ser mujer que se adecue a la expectativa social y a lo que el poder desea.

La píldora anticonceptiva, ahora sabemos, tiene efectos secundarios importantes: es cancerígena, puede producir problemas cardiovasculares y disminuye la libido. También aleja a las mujeres de la experiencia real de su organismo en los diferentes periodos de su ciclo. Sin embargo, no deja de venderse. ¿Y no es extraño que con todos los avances científicos luego de casi ochenta años no se haya producido una píldora anticonceptiva para los hombres? ¿Es que la sexualidad masculina necesita ser menos controlada?

Algo de esto cambió a finales de los años noventa con la aparición del sildenafil, la sustancia activa del Viagra. Se trata de un químico que favorece la vasodilatación y, por lo tanto, la erección. En principio, al igual que la píldora anticonceptiva, puede parecer un gran avance disponible para hombres que por diferentes razones tienen dificultad para lograr la erección. Puede ser útil para algunos pacientes con diabetes, con lesiones medulares o de edad avanzada, entre otros. Sin embargo, hoy se utiliza de otra forma: muchos hombres la usan para "prevenir" que la erección falle o incluso para producirse erecciones más duraderas y potentes. Es decir, se ha vuelto un fármaco para no "fallar" sexualmente o para parecer sexualmente incansables e infalibles. Su empleo constante ha hecho que algunos de mis pacientes, por ejemplo, ya no tengan claro cuál es el ritmo natural de su deseo sexual, cuándo surge espontáneamente, ante qué situaciones. El sildenafil produce una erección a veces no vinculada a su deseo más genuino y organísmico. Como en el caso de la píldora anticonceptiva, el fármaco no sólo resuelve un problema real, sino que sostiene y produce una forma de masculinidad, ésa que dice que los hombres desean siempre y que no pueden fallar nunca, ésa que dice que la seguridad personal depende de su erección.

En ambos casos se trata de una tecnología que controla y construye ideologías, feminidades y masculinidades, pero que, a diferencia de otras que podemos percibir como externas a nosotros, se transforman en nuestro propio cuerpo cuando las consumimos. Ideología, control, estereotipos que literalmente tragamos con un vaso de agua.

No es la única forma de tecnología que reproduce ideología y control. Pensemos en todas las tecnologías que buscan transformarnos físicamente para adaptarnos a estereotipos rígidos de belleza que una vez más son impuestos desde el poder: pastillas para adelgazar, lifting (estiramiento facial), bótox, liposucción y un sinnúmero de cirugías plásticas a las que se recurre cada vez con más frecuencia y desde edades cada vez más tempranas. Estas cirugías incluyen cirugías estéticas genitales (labioplastia, liposucción del monte de Venus, vaginoplastia, reconstrucción del himen, microinjerto de vello púbico, alargamiento y engrosamiento del pene) y blanqueamiento de la zona anal. ¿Qué hay detrás de esto sino una idea poderosa y constante de que no todos los cuerpos son válidos y aceptables? Estamos ante una apropiación de unos cuantos de lo que se considera bello, digno de amor y de deseo. Ellos lo determinan, ellos marcan las pautas, ellos califican, ellos excluyen. Y nosotros obedecemos. Dice Virginie Despentes: "Vale la pena llevar ropa poco confortable, zapatos que dificulten la marcha, vale la pena rehacerse la nariz o hincharse los senos, vale la pena morirse de hambre. Nunca antes una sociedad había exigido tantas pruebas de sumisión a las normas estéticas, tantas modificaciones corporales para feminizar un cuerpo" (Despentes, 2018: 25). Y afirma Lucrecia Masson: "¿Bajo qué mecanismos se construye el cuerpo normal? ¿Cuánta disciplina de normalización han soportado y soportan nuestros cuerpos? ¿Qué técnicas de domesticación y regimentación nos hacen desear ser normales y atractivas a costa de padecimientos?" (Masson, 2014).

Y son esas técnicas de domesticación, esas pruebas de sumisión las que hacen gastar grandes cantidades de dinero, de tiempo y de energía para convertirnos en esos cuerpos que el poder ha decidido que son cuerpos válidos, aceptables, dignos de deseo y de amor.

Otra forma en que la tecnología se vuelve parte de nuestra vida sexual es a través de la enorme variedad de juguetes sexuales. No se trata de algo nuevo. Hay datos que permiten saber que existieron objetos utilizados con fines sexuales desde épocas muy antiguas (siglo III a. C. en Asia Menor). Sin embargo, los vibradores electromecánicos surgen en el siglo XIX unidos al tratamiento de la histeria. Lo que se llamaba *histeria* era una enfermedad de las mujeres que consistía en una hinchazón del útero. Era una patologización del cuerpo femenino y, en concreto, del deseo sexual femenino. Se consideraba que la histeria era fundamentalmente una enfermedad de mujeres sin hombre y el tratamiento consistía en un masaje pélvico para obtener un "paroxismo de la crisis histérica", o lo que es lo mismo, un orgasmo. Este "paroxismo" provocado por el médico podía tardar mucho tiempo hasta que se inventó un mecanismo para provocarlo en pocos minutos: el vibrador. A principios del siglo xx los vibradores salieron de la consulta médica y se convirtieron en objeto de consumo, primero al lado de otros electrodomésticos (se vendían como herramientas de masaje revitalizante) y luego ya abiertamente como juguetes eróticos.

Durante mucho tiempo, y quizá aún en la actualidad, los juguetes sexuales se consideraron amenazantes. Se trata de mecanismos capaces de hacer lo que ninguna persona podría. Velocidades, duraciones, efectos, diseños que sobrepasan los alcances del cuerpo humano. Su existencia cuestiona la sexualidad normalizada que nos sigue rigiendo, es decir, cuestiona el coito vaginal heterosexual como práctica única. Los juguetes sexuales abren la posibilidad a la masturbación como práctica común, objetan los roles sexuales típicos y, sobre todo, ponen en duda que el pene sea el único y máximo generador de placer sexual en la mujer.

> Si el vibrador es más eficaz que el coito vaginal heterosexual para producir el orgasmo femenino, si lo hace mejor que el pene y permite intercambiar roles y posiciones, ¿qué queda de la sacrosanta complementariedad de los roles heterosexuales? ¿Qué queda de la masculinidad fundamental, pilar del orden natural y social? [...] El falo artificial ilustra que ser penetrado, penetrante y penetrable es una posición y no un hecho de naturaleza y que los roles de sexos pueden ser también fluidos y cambiantes, intercambiados y reinventados. (Sal y Levy, 2012: 104-105)

Sin embargo, esta opción que podría ser emancipatoria, una forma de rebelión placentera contra los modelos impuestos, de cierta autonomía sexual, ha sido devorada por la cultura del consumo como tantas cosas. Hoy encontramos *sex shops* en cualquier lugar, y se han transformado en otra cosa más amigable y rentable: las *love stores*, que no son sino las *sex shops* un tanto suavizadas, de colores casi siempre "femeninos", con buen marketing. "Entonces, ¿recuperación?, ¿mercantilización de nuestros deseos y de nuestros placeres? Es cierto en cualquier caso que el capitalismo no es filántropo y que los objetivos mercantiles de algunos patronos no tienen nada que ver con los de la emancipación" (Sal y Levy, 2012: 107). No es raro escuchar hoy a muchas mujeres y parejas afirmando sin rubor alguno que guardan un juguete en su mesa de noche. Otra tecnología que entra en la intimidad de nuestras habitaciones.

Sin duda, al hablar de tecnologías que influyen en nuestra sexualidad hay que mencionar los dispositivos electrónicos y sus posibilidades: computadoras, tabletas, teléfonos, internet, chats, aplicaciones… Cada vez más nuestra vida está ligada a estos aparatos. Alessandro Baricco sostiene que: "Definir un ordenador como una mediación es quizá algo razonable para un hombre del siglo XX, pero una tontería para un *millennial*: éste considera las máquinas como una extensión de sí mismo, no algo que media en su relación con las cosas […] son extensiones de su yo" (Baricco, 2019: 96). Sus avances ocurren con una velocidad pasmosa y, por supuesto, su uso en materia sexual es una constante. Tanto, que hay incluso términos que se han tenido que inventar para nombrar estas prácticas y que hoy usamos todos: *cibersexo*, *sexting*, *pack*, por ejemplo.

La llegada de internet revolucionó nuestros modos de vincularnos. De pronto nos descubrimos habitantes de una segunda patria, de un no-lugar que existe pero no podemos ubicar, que está en todos lados y en ninguno, donde parece que todo o casi todo es posible; basta con entrar a la red y un sinfín de posibilidades se despliega al momento. Antes, si alguien deseaba tener un encuentro erótico debía ir a algún sitio donde eso pudiera ocurrir o intercambiar correspondencia que tardaba días en llegar, hacía falta una historia. Internet cambió eso: de pronto fue posible contactar con varias personas que deseaban lo mismo de muchas maneras y de modo inmediato. Se crearon chats eróticos donde muchas personas se comunicaban a la vez o se podía establecer una comunicación de uno a uno. Los teléfonos celulares permitieron además que no fuera necesario estar ante una computadora para tener acceso a estas prácticas: en el teléfono que llevamos con nosotros a cualquier lugar (esa extensión de nuestra mano, nuestros ojos, nuestros oídos, nuestra voz) también es posible hacerlo. Surge el cibersexo, que significa tener una experiencia sexual con alguien sin la presencia real de ese alguien o, al menos, sin que medien los cuerpos. Es decir, está presente mi cuerpo que siente y se excita, pero del otro lado lo que hay son mensajes, palabras, voces. ¿Quién está realmente allí? En realidad puede estar quien sea, disfrazado de lo que nuestra imaginación quiera. Del mismo modo, como el otro no me ve, como para él o ella no soy sino una voz o unas palabras, puedo convertirme en cualquier cosa, sea real o no. Lo que hay es un juego de imaginación y palabras, muchas palabras que en el fondo son siempre las mismas, con pocas variantes. Palabras con el final más previsible de todos. Palabras cientos de veces repetidas que ocultan lo que hay detrás: la inseguridad, la timidez, la calvicie incipiente, las estrías, el diente con caries, los problemas económicos, la aburrida vida de pareja, las cuentas que se acumulan...

Algo se modificó con la posibilidad de enviar fotografías y videos o de mirarnos en tiempo real a través de una cámara. Dejamos de ser sólo voz o palabras para convertirnos en imagen. El otro aparece ante mí y yo ante el otro, aunque sea parcialmente. No podemos tocar o ser tocados, pero podemos mirarnos. ¿Qué dejamos ver? ¿Qué máscaras construimos? ¿Qué tanto muestra-oculta el Photoshop? Casi siempre lo que vemos es incompleto, fragmentos de cuerpos que completamos con la imaginación. El riesgo de exponerse más, la necesidad del mejor ángulo, el miedo a que se vean las ojeras o las cicatrices; el cuerpo, sí, pero también lo que hay más allá: la cama deshecha, los peluches viejos, los papeles en la mesa de noche, las huellas y señales de lo que somos más allá del personaje que representamos.

¿Pueden ser estas prácticas un espacio liberador? ¿Una forma de experimentar lo que no me atrevería a hacer en persona? ¿Un medio de autoafirmación? Dice Edgar Gómez Cruz en su estudio (2003), que el cibersexo también puede ser "un campo de experimentación para la sexualidad. Dadas las características de anonimato, privacidad y, en algún momento, transparencia, ésta se puede tornar en un espacio lúdico para la experimentación de nuevas sensaciones, una especie de laboratorio de la sexualidad en donde se interpretan, crean, recrean, construyen y destruyen tabúes y mitos".

Quizá todo esto. Hoy se usa una palabra en inglés para referirse a un efecto posible en este tipo de prácticas: *disclosure,* que se traduce como "revelación". Se trata de algo que suele ocurrir al utilizar estos dispositivos electrónicos: disminuye claramente el pudor o los límites de lo que se expresa o muestra. Al no estar el otro frente a mí experimento una libertad que no tendría si lo estuviera. Es interesante cómo podemos decir cosas por mensaje, en un extraño ciberanonimato, que quizá no nos atreveríamos a decir en persona.

Podría pensarse que estas prácticas son seguras en cierto sentido: no hay transmisión de infecciones ni riesgo de embarazos. Pero esto no quiere decir que no pueda haber consecuencias. La exposición de nuestras imágenes y palabras ha generado nuevas formas de agresión, abuso e invasión a la privacidad: una persona comparte en privado fotos y videos que después se hacen públicos y son motivo de burla y escarnio. Puede haber chantaje, vejaciones, insultos, todo lo que ha recibido el nombre de *ciberacoso* (otra palabra de este nuevo mundo). Por otro lado, estas formas de juego sexual han generado que haya personas y grupos que engañan a otras personas (sobre todo menores) para obtener información, imágenes e incluso para engancharlas en la trata de personas y explotarlas de muchas formas: pornografía, turismo sexual, matrimonios forzados, servidumbre doméstica, etcétera.

Pero no sólo esto: en algunos casos, esta segunda patria, este no-lugar puede ser tan atractivo que sustituye el mundo real y provoca aislamiento e incapacidad para enfrentar las situaciones de la vida. "Para algunas personas, el internet puede crear una vida de fantasía que no tiene rival en la vida real. Es más fácil crear cualquier cosa que ellos quieren en línea que el lidiar con las limitaciones y presiones de los encuentros en el mundo real" (Gómez Cruz, 2003: 82).

En todo caso, dejamos de ser físicos para volvernos simbólicos. Nos convertimos en la fantasía de ese otro al que también fantaseamos. Quizá finjo ser quien no soy y finjo que el otro es quien dice ser para que sea quien quiero. Juego de máscaras o de ficciones que elegimos creer. Espejos ante espejos.

Otra posibilidad de los dispositivos electrónicos y sus aplicaciones es la de conseguir relaciones y encuentros sexuales reales, ya no sólo a través de una pantalla. Hay cientos de páginas en donde miles de personas se anuncian y exponen sus deseos; basta con darse de alta, quizá pagar alguna cantidad para entrar en contacto con hombres, mujeres, parejas, personas trans que también están a la búsqueda de un encuentro y que suben sus anuncios y fotos para conseguirlo.

> Poder elegir en un catálogo a una pareja nunca vista antes con quien salir a cenar (o, si se tercia, ir a la cama) [...] Para la gran mayoría de gente, poder estar eligiendo en el catálogo, con las nalgas en el sofá y la tele encendida representaba algo más divertido que salir a cenar (bastante caro y, por otro lado, primero tenías que darte una ducha y vestirte) o que aparearse de verdad [...] un catálogo que se convirtiera en una especie de videojuego elemental, sutilmente erótico, y al que resultaba facilísimo jugar. En la práctica, como un solitario con los naipes. (Baricco, 2019: 209)

Entrar a una de esas páginas o esas aplicaciones es encontrarse con una enorme variedad de posibilidades casi inmediatas. Todo, o casi todo, está allí, expuesto, y puede ser elegido. No es tan diferente de un enorme supermercado de experiencias y personas. Entre tantas posibilidades puede no ser fácil elegir. Seguramente has tenido la experiencia de estar en el pasillo de los cereales de un gran supermercado, esa especie de templo de la sociedad de consumo siempre lleno de feligreses. ¡Cuántos colores, cuántos nombres atractivos, cuántos empaques vistosos, cuántos sabores! ¿Por dónde empezar? ¿Qué es lo que realmente me gusta? ¿Cómo saber si algo me gusta si no lo he probado? ¿Debo probarlo? ¿Para qué me alcanza? Puedo incluso sentirme más o menos agobiado ante tantas posibilidades. Es muy posible que al final me quede con los sabores que ya conocía, pero en el camino puedo probar: alguno es mejor que otro, alguno lo compro sólo una vez, uno más no me gusta y lo dejo. Cuando aparece uno nuevo dan ganas de probarlo. Es sencillo: basta con ir al pasillo de los cereales y elegir. Hay algo similar en las páginas y aplicaciones para conocer personas: las posibilidades reunidas, la variedad, el agobio ante tanto, el comparar, el elegir, el desechar, el repetir, el miedo a que no me alcance, el cambiar, el probar de nuevo. Esa ficción de libertad que es la oportunidad de elegir entre diferentes productos para consumir. Pero hay algo que no cuadra y que aunque suene a obviedad no siempre lo es: las personas no somos cereales.

Estas relaciones son cada vez más esporádicas, desechables y despersonalizadas; suelen construirnos como simulacros que buscan popularidad, likes, aceptación. Lo privado desaparece y lo permanente deja lugar a lo efímero.

No quiero darle lugar a la tía conservadora que vive en mí y se escandaliza y juzga, pero sí me gustaría invitarte a integrar en esta mirada una dimensión ética. Porque, claro, en este mercado yo puedo comparar, elegir, cambiar, repetir y desechar al otro. ¡Hay muchos! Pero también puedo mirarlo desde otro lugar: no sólo soy ése que entra al pasillo y elige: también soy una mercancía que se ofrece y que es comparada, elegida, cambiada, repetida o desechada.

Quizá la referencia más cercana que tengo es la experiencia de mis pacientes al participar en este juego. Sus historias se parecen mucho, a veces pareciera la misma historia repetida: conocer a una persona en Tinder o Grindr, salir algunas veces, entusiasmarse, desear una relación diferente, más profunda, pero él o ella no quieren algo más, buscaban divertirse un rato. La desilusión, dejar de verse, bloquearse. Dolor. Pero no hay tiempo para el duelo porque en la aplicación hay otros en la lista. Luego de dos días, volver a buscar y elegir alguien nuevo para salir, siempre hay. No hubo tiempo de sentir, de dolerse, de recuperarse. Prisa por ir a lo que sigue.

Hay algo interesante en esta inmediatez, en esta velocidad. No hay tiempo para el duelo, para asimilar la experiencia anterior, porque la experiencia siguiente está allí, a la mano, sin tener que esperar. Es como si el tiempo y parte de la incertidumbre hubieran desaparecido. Hasta hace poco, si me gustaba una persona yo no podía estar seguro de gustarle. Acercarse suponía cierto riesgo: podría no ser mutuo o podría ser rechazado. ¿Cómo saber si yo también le gustaba? Había ciertas señales, claro, pero ¿y si las confundía? Preguntaba a amigos en común si es que los había. Me acercaba lleno de dudas. También ocurría que una persona iba gustándome poco a poco, quizá no al principio. Era la convivencia, las pláticas, las experiencias las que iban haciendo que la atracción surgiera. Las aplicaciones acaban con ese tiempo pausado y en parte con la incertidumbre: eliges quién te gusta y sabes a quién le gustas. ¡Hacemos *match*! Basta ponerse de acuerdo y encontrarse. Suena fácil. Sin embargo, el riesgo a ser rechazado está allí, como siempre. Cuentan mis pacientes que hay una presión especial en ese primer encuentro: ¿es el otro lo que dijo que era? ¿Mintió? ¿Sus fotos están excesivamente producidas? Pero no sólo eso, está también enfrentar esas mismas preguntas del otro: ¿soy realmente como dije que era? ¿Mis fotos realmente dicen quién soy? ¿Estoy a la altura del personaje creado? Ambas personas van al encuentro preguntándose si serán suficientes, si cumplieron con la expectativa, si habrá una segunda vez. Y si no la hay... ¿qué es lo que faltó? ¿En qué fallé?

Cuando lo que se busca es un encuentro sexual el juego es el mismo. La misma exigencia, igual presión. Doy la palabra a un paciente:

Si quiero sexo lo busco en la aplicación. Es inmediato: en un segundo aparecen varios hombres conectados cerca de donde estoy que también quieren sexo. Elijo entre varios hombres, descarto a la mayoría. Me quedo con las tres mejores opciones. Dudo cuál será mejor. Me envían fotos. Descarto a uno más. ¿Quién quedará? Más fotos, más explícitas. Al fin elijo uno. Todo bien hasta ahí. Luego me di cuenta de que del otro lado alguien hacía lo mismo conmigo. Luego de platicar un rato o enviar fotos era descartado. ¿Por qué me descartó? ¿Qué me falta? ¿En qué no fui suficiente? Antes de Grindr nunca dudé de mi atractivo, de poder gustar, incluso del tamaño de mi pene. Ahora dudo. De pronto la aplicación se convirtió en un motivo de ansiedad.

Y no es sencillo dejarlo. Hay algo sumamente atractivo en el hecho de saber a quiénes les gusto, quiénes me desean, qué posibilidades hay, aun si no las tomo. Una y otra vez escucho a mis pacientes y amigos contando algo similar: quieren una relación más profunda, más íntima, más comprometida…, pero lo que encuentran son relaciones casuales, fugaces, de unas pocas veces. Prueban y se cansan. "Estoy harto(a) de la aplicación, siempre es lo mismo. La cerraré". Y la cierran. A los pocos días crece el deseo de saber a quiénes les gusto, quiénes me desean, quiénes están disponibles. ¿Cómo no asomarse si están allí, si basta apretar unos botones, si es tan simple? Coincidir, llamarnos, encontrarnos. ¿Por qué no? Vuelven a instalar la aplicación. Así muchas veces. "Quiero una relación profunda pero en realidad no la busco. En lugar de eso vuelvo a la aplicación. Es lo más simple. Sé que difícilmente encontraré allí lo que busco, pero no puedo dejarla". Algunos pacientes la han cerrado y vuelto a abrir decenas de veces. Alguno me cuenta que si se despierta en la madrugada, a la hora que sea, no puede evitar abrir la aplicación para buscar si hay un nuevo mensaje para él.

Zygmunt Bauman (2005) nos advierte que en estos tiempos líquidos, como él les llama, incluso el amor se ha convertido en un contrato de compraventa para el que no hace falta sino la habilidad del consumidor promedio para salir a flote. En este juego es necesario evitar el compromiso, las relaciones a largo plazo, los vínculos profundos, pues todo eso me impediría tener acceso a nuevas relaciones y nuevos vínculos. Se trata de una ética —por llamarle de algún modo— del mercado y del desecho. Buscamos en el otro un disfrute inmediato, una satisfacción garantizada. Buscamos novedad, pero además buscamos que esta novedad de hoy no nos impida acceder a la novedad de mañana, quizá más divertida y con más posibilidades. Si creamos un vínculo profundo con alguien, ¿no perdemos la oportunidad de encontrarnos con otro alguien más nuevo? Igual que los objetos que se fabrican para durar poco y hacer lugar a sus nuevas versiones, construimos relaciones con fecha de caducidad. ¿Y si este otro no me satisface plenamente en un tiempo corto? Pues lo cambio por un nuevo modelo, ya que siempre hay posibilidades en el mercado. ¿Y si este vínculo tiene fallas y enfrenta obstáculos? Se cambia por otro. ¿O es que tiene sentido reparar una cosa cuando se puede conseguir otra nueva?

En el fondo, dice Bauman, hemos dejado de vincularnos para sólo conectarnos. Una conexión es algo a lo que podemos acceder fácilmente, e igual de fácilmente podemos desconectarnos. Basta un clic, basta apagar, basta abrir la siguiente página. La conexión, por un lado, nos permite mantener el contacto a pesar de la distancia; pero, al mismo tiempo, nos garantiza que esa distancia se mantenga allí.

Si exploramos cualquiera de estas tecnologías encontramos que hay características que se repiten y se consideran importantes (Cfr. Baricco, 2019: 154).

Debe ser divertido, que no haya lugar para aburrirse, por el contrario se requiere cierta apariencia de juego.

Debe ser simple, fácil de usar, fácil de aprender. Puede haber una enorme complejidad en el fondo, imposible de entender si no somos expertos en tecnología, pero lo que llega a nosotros debe ser tan simple como el usar un par de botones.

Debe ser inmediato. No hay lugar para la espera. Oprimo un botón, deslizo un dedo y las cosas suceden en ese mismo instante.

Todo debe estar a mi alcance. ¿Todo? Sí, todo. Estas tecnologías deben ofrecernos la idea (la ilusión) de que sin levantarnos de nuestro asiento podemos tener acceso a todas las posibilidades.

Pero ¿no son estas características algo muy propio de nuestra sociedad a principios del siglo XXI? ¿No son estas tecnologías un evidente reflejo de lo que somos? Me parece que efectivamente vivimos en una cultura que desea todo, sin límite, y que lo desea ya. Somos una cultura con cierta fobia a la espera, a la quietud, a la incertidumbre; esperamos obtener lo que deseamos de modo inmediato. Somos una cultura con fobia al aburrimiento: las cosas deben ser divertidas, luminosas y coloridas, que nos den la sensación de estar jugando. Y que no sean complejas, que no impliquen demasiado esfuerzo, que lo que buscamos esté allí, en la superficie, al alcance de la mano. Y si somos así y así es la tecnología que creamos, no es raro que así sea la sexualidad que estamos viviendo:

una sexualidad que desea tener acceso a todo, inmediata, que parezca un juego, simple y superficial.

Hay también, en estas nuevas formas, un reflejo del individualismo casi salvaje que enfrentamos cada día y que se nos muestra como único modelo a seguir. Una tecnología que "[…] se ha convertido en la grandiosa incubadora de un individualismo de masas que nunca habíamos conocido […] Se produce a menudo el triste fenómeno de individualismo sin identidad […] como si la capacidad técnica hubiera sobrepasado abundantemente a la sustancia de las cosas" (Baricco, 2019: 219-221). Es decir, tenemos herramientas novedosas, modernas, capaces de miles de posibilidades que, sin embargo, no nos permiten estar más cerca, encontrarnos con el otro, profundizar en nuestros vínculos, sino lo contrario. No quiero decir que sea la tecnología la que ha generado este individualismo necesariamente. El mismo Baricco nos invita a pensarlo al revés: si no será nuestro individualismo y nuestro miedo al encuentro el que ha generado estas nuevas tecnologías.

Por su lado, Paul B. Preciado nos advierte: "Las aplicaciones descargables son los nuevos operadores de la subjetividad. Recuerda entonces que cuando descargas una aplicación no la instalas en tu ordenador o en tu teléfono móvil, sino en tu aparato cognitivo" (Preciado, 2019: 78).

De ningún modo quiero decir que deberíamos evitar los avances de la tecnología. Aquí están: la ingeniería genética, la nanotecnología, la inteligencia artificial. Estos avances, ya sean farmacológicos o electrónicos o de cualquier tipo, también mejoran nuestra calidad de vida y nos dan acceso a nuevas posibilidades. Lo que propongo es pensar de qué modo somos creados por estos objetos que creamos, y si esa creación nos amplía. Propongo pensar si es posible usar la tecnología antes que ser usados por ella. Propongo plantearnos un uso ético de la tecnología en temas de sexualidad. Partir de hacernos preguntas, qué es, de dónde surge la posibilidad ética: ¿qué es lo que tomamos cuando ingerimos una píldora? ¿Hay una ideología junto a la sustancia que consumo? ¿Y cuál es? ¿Debo convertirme en el cuerpo que el poder ha elegido como único válido? ¿A qué costo? ¿No son válidos todos los cuerpos? ¿Es lo mismo conectarse que vincularse? ¿Qué deseo para mí? ¿Dónde queda el derecho a la privacidad? ¿Puedo elegir, comparar, usar, desechar al otro como si fuera una mercancía? ¿Quiero ser tratado como mercancía? ¿Podemos elegir crear y no sólo ser creados por la tecnología?

Y sobre todo: ¿cuál es la frontera entre lo real y lo virtual? ¿Lo virtual es real? ¿Nos gusta el mundo que vemos al alzar los ojos de la pantalla? ¿Quién soy, quién eres, quiénes somos, quiénes podemos ser cuando oprimimos la tecla *apagar*?

Migajas en el camino

¿Aconsejar? No, no quiero aconsejar, ¿quién soy para hacerlo? Educar es una tarea compleja y dinámica. Viva. Es una forma particular de relación en donde están en juego nuestros valores y creencias profundas. Es también una experiencia siempre cocreada (si en realidad es educación y no adiestramiento), que no sólo depende de quienes educan sino también de quienes son educados. De hecho, no estoy seguro de que lo anterior (esta división entre unos y otros) sea posible. La verdadera educación, creo, ocurre en doble sentido: no es posible pretender educar sin ser educado. No es posible ser educado sin también educar.

Dar consejos o lecciones me parece algo que se hace desde un lugar de supuesta superioridad. No es lo que deseo. Pienso más bien en algo distinto: compartir algunas señales en el camino, pequeñas guías, preguntas, invitaciones; algo así como las migajas que dejaron en el bosque Hansel y Gretel. No son las únicas, lo sé, ni es el único camino. Siempre hay más caminos y posibilidades distintas a las que podemos ver. Entonces sólo eso: migajas, señales, pequeñas marquitas. Aun a riesgo de que los pájaros se las coman.

Entonces, esparzo estas migajas acerca de la sexualidad y las nuevas tecnologías.

- Recordemos que la tecnología no se limita a aparatos electrónicos o computadoras. También hay una tecnología farmacológica que consumimos día a día.

- Seamos más conscientes de los medicamentos que consumimos y que intervienen en nuestra sexualidad. Preguntarnos qué tomamos, para qué y qué consecuencias tiene su consumo; qué tanto nos imponen un modo de ser mujeres y hombres.

- Tengamos presente que la idea de una pastilla que resuelve nuestras dificultades mágicamente es una ilusión.

- Preguntémonos qué tanto jugamos el juego de los estereotipos de belleza, qué tanto nos afectan, a quién le benefician. ¿Tenemos que obedecerlos? ¿No será mejor cuestionarlos y combatirlos? ¿No es más sano trabajar con la aceptación de lo que somos y abrirnos a apreciar muchas formas de belleza?

- Si somos educadores no es posible decir: "No entiendo lo nuevo", "No es de mi época", "No aprendí ese lenguaje" como una forma de hacernos a un lado. Nos toca conocer, actualizarnos, aprender ese nuevo idioma que es el que hablan nuestros hijos, nuestros alumnos, nuestros pacientes.

- Seamos curiosos ante la novedad tecnológica en lugar de despreciarla. Eso quizá implique asomarnos a esos mundos, esas aplicaciones, esos juegos para saber de qué se tratan. ¿Cómo orientar si nos son del todo ajenos? Si no sabemos, preguntemos a nuestros hijos y alumnos, sin duda ellos pueden enseñarnos.

- Sí, nos hace falta saber qué significan términos como *sexting, pack, app, challenge, troll, stalker, juego de rol, cibersexo, mudsex, grooming, disclosure* y todos los que se agreguen, que son parte del lenguaje de nuestros hijos, alumnos y pacientes.

- Hablemos con hijos, alumnos y pacientes acerca de la privacidad y sus límites, la nuestra y la de los demás.

- Tengamos presente que a través de las redes, aplicaciones y chats nos permitimos hacer y decir cosas que no haríamos o diríamos en persona.
- Hablemos abiertamente de los acosadores que se esconden en las redes, hablemos abiertamente del modo como se usan las redes para engañar a personas y cometer delitos y secuestros. Hagamos de lado eufemismos y llamemos a las cosas por su nombre, sin minimizarlas. Es necesario para prevenir.
- Seamos conscientes de que algunas de estas tecnologías son tan atractivas que pueden, si lo permitimos, volverse sustitutos de la vida real.
- ¡Estemos en la vida! Conozcamos lugares reales, probemos sabores reales, tengamos experiencias reales en el mundo y con los otros. Apaguemos las pantallas de vez en cuando para disfrutar lo que nos rodea.
- Detengámonos un momento a pensar si todas estas aplicaciones en realidad nos ayudan a crear vínculos o más bien a evitarlos. Me refiero a vínculos verdaderos, profundos, íntimos.
- No olvidemos ver al otro, a la otra y a nosotros mismos como personas y no como mercancías.
- Reflexionemos sobre el impacto de la aceptación externa, los *likes*, el reconocimiento de los demás en nuestra autoestima.
- "Recuerda entonces que cuando descargas una aplicación no la instalas en tu ordenador o en tu teléfono móvil, sino en tu aparato cognitivo" (Paul Preciado).
- Hagamos espacio a la espera, a la paciencia, a la construcción de vínculos que no es inmediata, sino que lleva su tiempo de maduración. También demos tiempo al duelo necesario cuando una relación finaliza.

Mensaje para Lía

¿Qué alcanzarán a ver tus ojos que los míos ya no? Hay cosas que imagino, pero otras no podría, tan ajenas me son. La tecnología no dejará de avanzar y sorprenderte. ¿Hasta dónde llegará? Parece que todo lo acerca, aunque también puede alejarnos del mundo, encerrarnos, guardarnos bien en un vistoso clóset sin salida.

Que sea un medio para ti, un instrumento, una ventana para asomarte al mundo, pero que no sea, que no permitas que sea un sustituto del mundo. Que te invite a salir y no a encerrarte. Que te permita aprender, explorar, cuestionar y no adecuarte a lo que el poder quiere que seas. Eso: detrás de casi todas las tecnologías está el poder aunque a veces no lo parezca, y el poder, Lía, nunca es inocente. La tecnología puede convertirnos en instrumentos del poder y también puede ser un modo de rebelión: te tocará elegir, hija, deseo que lo hagas bien, que a tu modo te rebeles, que sepas decir que no. Desde que naciste me asombra tu habilidad para convivir con la tecnología, todavía hoy te hago preguntas acerca de cómo usar mi teléfono y casi siempre encuentras la respuesta. Parece que tus ojos y tus dedos fueron hechos para estos nuevos instrumentos, sabes tocar las teclas, deslizarte por las pantallas. Es hermoso verte hacerlo. Pero ojalá, hija, que tus manos no se olviden de acariciar el sedoso lomo de un gato, jugar con la arena tibia, pelar un mango maduro, curar una herida. Ojalá que tus ojos no se conformen con ser espectadores del mundo a través de una pantalla, sino que sean puentes de luz que te lleven a ese mundo, a involucrarte, a ser con otros, a salpicarte de vida. Ojalá que nada, ninguna tecnología por sorprendente que sea, sustituya la risa en compañía, la mirada solidaria y comprometida, el beso húmedo de unos labios.

PORNOGRAFÍA,
EL ESPEJO INCÓMODO

No hay mayor lujuria que el pensar.
Se propaga este escarceo como la mala hierba
en el surco preparado para las margaritas.
No hay nada sagrado para aquellos que piensan.

Wislawa Szymborska

Es un día cualquiera del año 2014 en el museo de Orsay, en París; la gente mira cuadros, comenta. Una mujer atraviesa la sala, es joven, atractiva, lleva un corto vestido dorado. Se sienta recargada en la pared justo debajo de una obra: *El origen del mundo*, y alzándose la falda muestra su vulva desnuda. Asombro, incredulidad, desconcierto. La gente mira sin entender lo que ocurre. Pocos minutos después llega el personal de seguridad para intentar llevársela, la gente se opone, aplaude a la mujer. Unos a favor y otros en contra. Finalmente se la llevan. Se trata de Deborah De Robertis, artista de performance. No eligió cualquier lugar para hacerlo: estaba ubicada bajo un cuadro especial. *El origen del mundo* es una obra de pequeñas dimensiones pintada por Gustave Courbet en 1866 pero exhibido públicamente hasta 1995 (129 años después), que representa de un modo muy realista una vulva femenina rodeada de vello y con los labios vaginales ligeramente abiertos. De Robertis pretendía hacer varias preguntas: ¿por qué es válido mostrar la representación de una vulva (y se le considera arte) y está prohibido mostrar una vulva de verdad? ¿Cuál es el límite de lo que se puede mostrar? ¿Qué es el arte?

Vayamos mucho más atrás: los frescos y esculturas de las ciudades de Pompeya y Herculano descubiertas en el siglo xviii, muestran escenas sexuales que incluyen coitos en diferentes posturas, sexo anal, oral y tríos. Hoy, muchas de estas piezas se exhiben en el Museo Arqueológico de Nápoles. Muy lejos de allí está el templo de Khajuraho en India, construido entre 950 y 1050 y redescubierto en 1838, revestido de hermosas imágenes sexuales que incluyen también diferentes posturas coitales, masturbación, sexo oral, sexo grupal y sexo con animales, valorado como una joya de la escultura y la arquitectura universal.

Casi nadie consideraría que estas obras son pornografía, a pesar de que son muy explícitas sexualmente. El caso de *El origen del mundo* es distinto e interesante, pues pareciera que la misma obra ha sido considerada de muchas formas a lo largo del tiempo: perteneció a coleccionistas privados que no la mostraban a nadie; en algún momento fue comprada por Lacan, que la ocultó detrás de otro lienzo; actualmente está expuesta en un enorme museo a la vista de todos, la tarjeta que la reproduce y que se vende en la tienda del museo es la segunda más comprada, y sin embargo, hace poco se prohibió que apareciera en Facebook.

¿Qué es entonces lo pornográfico? Aunque estamos rodeados de imágenes porno, no es fácil definirlo. Podemos intentar una respuesta a partir del tema del que trata: prácticas sexuales, cuerpos desnudos exhibidos, posturas explícitas. Sin embargo, esto no es suficiente: un libro de anatomía puede mostrar órganos sexuales de modo muy explícito y no es considerado pornografía. Los ejemplos antes mencionados de los frescos de Pompeya y el templo de Khajuraho también muestran prácticas sexuales de modo explícito y tampoco se consideran pornografía. Por otro lado, hay imágenes que en principio no son directamente sexuales (por ejemplo, una persona acariciando un pie) que son vendidas como pornografía para ciertas personas. Es decir, no basta con aclarar el tema para definir lo pornográfico.

¿Entonces? Otra posibilidad es pensar en el efecto que provocan en el observador. Se espera que un material pornográfico provocará excitación sexual en el espectador. Pero la cosa no es tan sencilla, porque el mismo material puede suscitar reacciones muy distintas en diferentes personas, a veces opuestas; lo que a uno le excita a otro puede parecerle repugnante. La diferencia entre lo que se considera erótico y pornográfico también es ambigua: es posible que estimemos erótico aquello que nos excita y, al mismo tiempo, lo asumimos como válido y podemos integrarlo en nuestra propia sexualidad; y que consideremos porno aquello que transgrede nuestros límites. En todo caso, estamos ante algo totalmente subjetivo. El mismo material puede ser considerado erótico o pornográfico dependiendo de la mirada del espectador. Alguien puede escandalizarse por un material que para otra persona resulte incluso aburrido. Pensemos de nuevo en *El origen del mundo*: actualmente, expuesto en uno de los museos más reconocidos del mundo, parece obvio pensar que se trata de una obre de arte, quizá erótica. Pero antes, al estar oculta detrás de otro lienzo, para que sólo su dueño pudiera verla, como si ese acto fuera prohibido, parecería más una obra pornográfica. Podemos imaginar a un o una adolescente que encuentra la tarjeta en donde se reproduce la obra en el cajón de la mesa de noche de su padre o su madre, y que a escondidas se masturba mirándola. ¿Ese hermoso cuadro se ha convertido en pornografía? La imagen de un pie desnudo, o de un ombligo, o de un mechón de cabello nos resultaría bastante neutral a la mayoría, pero a algunas personas seguramente les parecerá sumamente excitante. Hay incluso una distancia entre lo que aceptamos que nos excita subjetivamente y lo que sucede en nuestro cuerpo. Un estudio comprobó que aunque muchas mujeres decían no excitarse con ciertas imágenes sexuales, su cuerpo, en cambio, reaccionaba con claras señales de excitación. Si intentamos definir lo pornográfico a partir del efecto en el espectador nos encontraremos con la dificultad de que cada persona tendrá opiniones diversas dependiendo de su historia, su educación, sus tabúes, la particular construcción de su ser erótico.

Otra posibilidad es la de intentar definir lo pornográfico a partir de la intención de su creador. En general se asume que una obra creada con fines artísticos o científicos no es porno. Quizá lo pornográfico es aquello que se crea con el fin de excitar sexualmente para obtener un beneficio económico. La pornografía, según esta idea, no intenta expresar algo profundo, no pretende cuestionar o hacernos pensar, sino lo contrario: su intención final es ganar dinero y apagar el razonamiento, y lo que vende es excitación sexual. Podríamos decir que el arte es complejo y el porno simple, que el arte representa algo más y en el porno hay sólo lo que vemos. Es difícil pensar que la intención de Courbet al pintar *El origen del mundo* fuera solamente excitar sexualmente y ganar algunas monedas. La belleza del cuadro, la dificultad de su creación sugieren que hay otra intención —no sabemos cuál— más profunda y compleja. Ante ese pequeño cuadro yo me conmuevo, hay una carnalidad que me sugiere la vida, pero también la muerte, lo que está y dejará de estar, nuestra más básica fragilidad, me hace consciente de lo femenino y de mi diferencia, hay un llamado que no puedo ignorar. Peter Schjeldahl, crítico de arte y poeta estadounidense, dijo que después de ver un Courbet uno tiene ganas de salir corriendo, armar un motín, tener sexo o comer una manzana; es decir, te invita a vivir. Algo similar ocurre ante el templo de Khajuraho y ante muchas obras de arte erótico. Pero de nuevo, esto no basta. ¿Cómo conocer la verdadera intención del creador? ¿Y cómo puede el creador controlar la reacción de quien observa su creación? El autor de una novela que la mayoría considere pornográfica podría jurar que su intención era la de expresar algo acerca del alma humana. Novelas que se consideraron pornográficas (*Lolita* de Nabokov, *El amante de lady Chatterley*, de D. H. Lawrence, *Trópico de Cáncer*, de Miller, por ejemplo) hoy son consideradas alta literatura. Complicado, ¿no? Incluso hoy un cuadro de Balthus, pongamos por ejemplo *La lección de guitarra*, podría generar puntos de vista opuestos acerca de su validez. Pero ¿no es una tarea del verdadero arte cuestionarnos, perturbarnos, llegar a los límites, incomodarnos muchas veces?

No creo que sea sencillo definir lo pornográfico. Quizá sea más posible hablar de la experiencia en la cual lo porno sucede. Y no es cualquier experiencia, sino una como resultado del encuentro entre un objeto (foto, película, libro, canción) con un observador. Está la obra, está la intención del creador, está la mirada del observador que de algún modo convergen para crear eso que llamamos *lo porno*. Lo pornográfico es entonces *una relación*, eso que sucede *entre* el observador y lo observado, y eso que sucede es, de algún modo, un misterio.

¿Qué es eso que sucede en mí cuando miro porno (o lo que yo considero porno)? Difícil describirlo, pero sí sé que se trata de algo intenso y perturbador. Lo que veo, leo, escucho, me excita, pero no sólo eso, de algún modo me saca de mí, del que suelo ser, y me convierte por un momento en otro, otro más de piel, de carne, de latidos, de impulsos, otro menos pensante y mesurado, otro que de algún modo "apaga" o pone en suspenso al que suelo ser. "El problema que plantea el porno —dice Virginie Despentes— reside en el modo en que golpea el punto ciego de la razón [...] Primero nos empalmamos o mojamos, después nos preguntamos por qué [...] Aquello que nos excita o que no nos excita proviene de zonas incontrolables, oscuras y pocas veces de acuerdo con lo que deseamos conscientemente" (Despentes, 2018: 105-107).

Andrés Barba y Javier Montes (2007: 19) dicen que la pornografía siempre es de los otros, pues aunque la vea yo, al verla me convierto en otro. Es por eso que solemos verla a solas, porque no es fácil mostrar ese otro que soy; es por eso que suele ser una ceremonia privada y es también por eso que la repetimos: ser otro por un momento tiene algo de fascinante y de misterioso, y por eso es, de algún modo, una revelación. Con cierta frecuencia escucho decir con algo de condescendencia que la pornografía resulta aburrida, ridícula o inverosímil. Me parece que quien dice eso no ha visto pornografía o, más bien, no ha encontrado *su* porno. Es decir, quizá ha visto porno, pero no *ese* porno capaz de sacarlo de sí mismo, ése que toca un lugar que quizá ni siquiera conoce, ése que rompe lo racional y que es inexplicable. "Mi pornografía es una revelación. Mi pornografía, ésa que no puedo ver sin lujuria, sin inquietud, sin miedo" (Barba y Montes, 2007: 42). Lo repetiré: el porno, *nuestro* porno, es un espejo. Las siguientes palabras me inquietan justo por eso: "Al ver porno mi miedo no era encontrarme a mí misma siendo adicta, sino encontrarme a mí misma, punto". Y es que ese otro que surge ante el porno también soy yo, revela algo de mí, aunque lo revelado sea desconocido, no me guste o incluso parezca que se opone a lo que creo ser.

Esta capacidad del porno de revelar lo que somos también puede pensarse en lo social. El porno no es (aunque parezca) un acto de rebeldía o subversión contra el sistema, no se opone a las normas sociales sino lo contrario, existe porque existen esas normas. El porno dice mucho de lo que una sociedad es, del modo como vive su sexualidad y sus vínculos. El porno es un reflejo de la sociedad que somos.

Es un hecho que la industria de lo que suele llamarse porno ha cambiado al ritmo de muchos otros cambios. De los pasquines mal impresos con pequeñas historias a los *best sellers*, de las fotografías que se vendían en alguna tienda oscura a los videos, del cine a nuestros teléfonos. Pensemos en las películas: en cincuenta años el cambio ha sido total: en los setenta, si alguien deseaba ver una película porno debía asistir a un cine, hacer fila para comprar boletos a la vista de quien estuviera allí y entrar a la sala. Eso cambió radicalmente con la aparición del video: de pronto, muchísimas personas podían hacer películas porno con un gasto mínimo y prácticamente sin más material que una cámara. Las grandes producciones porno desaparecieron para dar paso a esta nueva forma más rápida y barata. Entonces si uno quería ver porno debía ir a una tienda de videos y comprar o rentar uno, de nuevo ante la vista de quien estuviera allí, y de nuevo con la restricción de ser mayor de edad; uno debía llevar a casa un casete de buen tamaño y buscar un momento para verlo en la videocasetera de la casa. No era fácil esconder un casete de esas dimensiones. Luego apareció internet y la posibilidad de ver porno en nuestra computadora, miles y miles de páginas que muestran imágenes porno de todo tipo, seleccionadas, divididas en grupos que van desde lo más suave hasta lo más extremo. Ahora no hace falta ser visto en un cine o en una tienda, podemos ver porno con casi absoluta privacidad. Poco después ni siquiera hizo falta una computadora, casi cualquier teléfono tiene la opción de traer ante nuestros ojos todo el porno del mundo. Porno portátil, porno inmediato y, sobre todo, porno sin restricciones. Cualquier adolescente, niño o niña que sepa manejar internet tiene acceso a todo tipo de imágenes porno casi en el momento mismo de buscarlo. Y sí, digo a *todas* las imágenes porno, aun las más extremas. La edad promedio en la que las personas acceden al porno es aproximadamente de 10 años. Claro, se intenta poner candados, obstáculos, reglas, etcétera. No importa, cualquier niño o adolescente que desee ver porno encontrará el modo de hacerlo.

Esto nos lleva a una pregunta nada nueva: ¿debería prohibirse el porno? Quizá esa pregunta nos conduzca a otras: ¿el porno tiene efectos negativos en quien lo ve? ¿El porno crea adicción? ¿El porno es responsable de la violencia sexual que muchas mujeres viven a diario? ¿El porno puede ser educativo?

Las investigaciones tienen algo que decir al respecto.

En uno de sus estudios, Malamuth comprobó que el porno no afectaba la conducta hacia la mujer en hombres convencionales, pero sí ligeramente en quienes tenían problemas psicológicos y consumían porno de violencia extrema. Resultados parecidos fueron replicados por el danés Gert Martin Hald en uno de los estudios más citados sobre el tema. Analizando seiscientos ochenta y ocho hombres y mujeres heterosexuales de entre 18 y 30 años se encontró una leve pero significativa asociación entre consumo de pornografía extrema y mostrar mayor tolerancia a la violencia contra la mujer. (Estupinyà, 2013: 266)

También hay estudios que afirman que "el porno hace descender los crímenes sexuales, porque actúa como una válvula de escape, una sustitución. Estudios realizados en Japón, Estados Unidos, Dinamarca y República Checa han confirmado asociaciones positivas entre mayor acceso a porno y menos agresiones sexuales". (Estupinyá, 2013: 266)

Por otro lado, el porno sí puede ser adictivo. Donald Hilton y Clark Watts, de la Universidad de Texas, concluyeron que los consumidores compulsivos de porno tenían cambios cerebrales similares a los que suceden en otras adicciones, lo que sí lleva a la pérdida del control. Pero, como sabemos, muchísimas cosas pueden ser adictivas: el alcohol, el juego, la comida y un enorme etcétera. ¿Tendríamos que prohibir todo eso? ¿El problema está en la sustancia y en la actividad o en la relación especial que tiene una persona con esa sustancia o actividad por múltiples razones?

Ciertamente, para muchos de nosotros el porno ha sido fuente de información, hemos aprendido algunas cosas que quizá nadie estaba dispuesto a enseñarnos. Prácticamente en ninguna clase de educación sexual se nos explica cómo se hace el sexo oral, por poner un ejemplo, y suele ser una inquietud muy frecuente cuando estamos descubriendo el mundo del sexo. ¿Dónde lo aprendimos o, al menos, dónde tuvimos cierta idea? La mayoría de nosotros en el porno. Actualmente hay intentos de producir un "porno educativo"; quizá educativo sea una palabra muy amplia, pero sí existe un porno que da información de modo muy directo y explícito. "El porno es un espacio de seguridad. No estamos dentro de la acción, podemos ver cómo la hacen otros, cómo saben hacerlo, con la mayor tranquilidad" (Despentes, 2018: 119).

Pero, sin duda, es más frecuente lo opuesto: un porno que al estar tan lejos de la realidad cotidiana de las personas genera expectativas y creencias falsas que desembocan en frustración, comparaciones y sufrimiento. En general, el porno es una ficción, pero quien lo consume no siempre se da cuenta de eso. No es raro que muchas personas crean que la actividad sexual real tiene que ser como la actividad sexual del porno. La duración, las medidas, los cuerpos, las reacciones en el porno suelen ser exageradas; si las comparamos con las de la vida real parecerá que siempre somos insuficientes. La periodista Virginia Collera (2019), en su reportaje para el periódico *El País*, señala que la práctica sexual de muchos jóvenes se ha modificado (generalmente incluyendo cierto grado de agresión y sometimiento) al intentar copiar lo que se muestra en el porno. Es una situación que hay que pensar: ¿el porno es un reflejo de nuestros deseos y prácticas o es más bien una maquinaria de producción de ciertos deseos y prácticas que luego creemos que surgieron de nosotros? "El discurso pornográfico —dice Paul B. Preciado— es una pedagogía del género [...] también de la normalización de la masculinidad. La masculinidad contemporánea no se entiende sin toda una pedagogía de la erección, de la eyaculación, del placer, etc." (Preciado en Llopis, 2010: 45).

En general, la pornografía mantiene y refuerza el sistema heteropatriarcal. "Sólo los hombres imaginan el porno, lo ponen en escena, lo miran y le sacan provecho, y así, el deseo femenino debe pasar por la misma distorsión: debe pasar por la mirada masculina" (Despentes, 2108: 120). En efecto, prácticamente todo el porno está hecho por varones y dirigido a varones; con mucha frecuencia allí se reproduce la idea de la sexualidad como ejercicio del poder y de sometimiento. En él suelen reflejarse todos los estereotipos de género en donde la mujer está al servicio del varón. "El porno no es sólo porno, es un discurso —dice Erika Lust, directora de cine porno—. Un discurso sobre la sexualidad, sobre la masculinidad, sobre la feminidad y los roles que jugamos" (Lust, 2014). Grave, sí, aunque esto no es exclusivo del porno: prácticamente encontraremos los mismos constructos en cualquier telenovela, anuncio o publicidad de lo que sea. El porno es sólo otro lugar donde esto se manifiesta, quizá de un modo más explícito.

Un tema que me parece especialmente importante es que en el porno los protagonistas no son personas sino sexos y cuerpos, y a veces sólo partes de cuerpos: vulvas, pechos, penes, nalgas. Cuerpos fragmentados. "En la pornografía todos los cuerpos se asemejan, también se descomponen en partes corporales iguales. El cuerpo pornográfico ha dejado de ser escenario, teatro suntuoso, la fabulosa superficie de inscripción de los sueños y las divinidades. No narra nada" (Han, 2017: 9).

En general, se hace del otro un objeto. De nuevo, esto no es exclusivo del porno sino de nuestra sociedad, pero sí puede decirse que el porno lleva de un modo muy evidente esta desaparición del otro al espacio de la sexualidad. Las palabras de J. G. Ballard son elocuentes al respecto: "El porno es el género más político de la ficción, pues muestra cómo nos usamos y explotamos mutuamente de la forma más despiadada".

Hoy, además, tenemos la posibilidad de ser no sólo consumidores de porno, sino creadores y objetos porno. Podemos no sólo mirar la pantalla, sino volver la cámara de nuestro teléfono hacia nosotros y volvernos pornografía, elegir hacer de nosotros mismos un objeto. ¿Cuáles son las consecuencias de ello? ¿Cuánta invasión a la privacidad surge de esas prácticas? ¿Quiénes tienen acceso a nuestras imágenes?

Por otro lado, está la muy cuestionable moral social que se escandaliza por las imágenes sexuales y que, sin embargo, acepta sin ninguna objeción que cualquier persona casi sin importar su edad pueda contemplar imágenes de violencia extrema en cualquier momento, una moral puritana e hipócrita en la que parece que es más aceptable ver cómo se tortura o mata a una persona (pensemos en casi cualquier película policiaca o de terror) que mirar a dos personas tener relaciones sexuales. Personalmente no creo que el porno deba prohibirse. No creo que las prohibiciones resuelvan nada; por el contrario, generan un mercado negro aún más peligroso que lo que se prohíbe. Yo he aprendido algunas cosas en el porno y en algunos momentos de mi vida han sido un desfogue e incluso una revelación. Quizá lo que tengamos qué preguntarnos es si es posible crear otras formas de hacer porno que no reproduzcan las formas más pobres y vacías de usarnos unos a otros.

¿Es posible un porno así? ¿Y no dejaría de ser porno? Hay intentos interesantes. Actualmente varias mujeres directoras de cine están proponiendo lo que llaman *porno feminista*. Creo que el adjetivo les queda grande, pero sí veo el intento de hacer un porno diferente, en donde no se reproduzcan los modos del patriarcado, en donde se muestren cuerpos distintos, en donde el encuentro sexual no sólo sea una forma de ejercer poder, en donde los personajes sean menos objeto y más persona, en donde no haya primacía del orgasmo masculino.

> Me di cuenta de que los únicos que participan en el discurso de la pornografía son hombres —dice Erika Lust—, hombres machistas, hombres de mente estrecha, hombres con poca inteligencia sexual. Pero ¿no ha cambiado el mundo? ¿No ha cambiado el rol de las mujeres? […] En todas partes el rol de la mujer está a debate, en todas partes menos en la industria de la pornografía. Es tiempo de que la pornografía cambie […] necesitamos mujeres en la pornografía… detrás de la cámara. Cineastas explorando la belleza del sexo desde una perspectiva diferente, desde la perspectiva de una mujer. (Lust, 2014)

Y está también lo que hoy se llama *postporno*. Se trata de una corriente artístico-marginal que surge de algunos movimientos de empoderamiento político-visual, que cuestiona los parámetros sexuales convencionales, reelabora y deconstruye los productos del porno tradicional haciendo una crítica de los estereotipos corporales, de género y del placer. "Todas las caperucitas rojas se vuelven lobos en la práctica postpornográfica", dice María Llopis (Llopis, 2010). Utiliza elementos del feminismo, de la política, del humor, de la filosofía para cuestionar el modelo binario (hombre-mujer, masculino-femenino, hetero-homo), el patriarcado, las jerarquías fijas. En palabras de Paul B. Preciado:

> El movimiento postporno es el proceso de devenir sujeto de aquellos cuerpos que hasta ahora sólo habían podido ser objetos abyectos de la representación pornográfica: las mujeres, las minorías sexuales, los cuerpos no-blancos, los transexuales, intersexuales y transgénero, los cuerpos deformes o discapacitados. Es un proceso de empoderamiento y de reapropiación de la representación sexual. (Preciado, 2015)

¿Prohibir? De nuevo digo que no. ¿Cómo es posible educar sino desde la libertad y desde la elección? Pero ¿entonces? Quizá acercarnos a esas propuestas que intentan crear un porno diferente, menos sexista, menos limitado, más humano, en donde el otro, la otra, aparezcan con sus similitudes y diferencias; un porno que cuestione lo establecido y proponga formas alternativas.

Y educación de la sexualidad que, si es verdadera educación, por supuesto incluye también la afectividad y el género. Para que a partir de esa educación podamos tener y enseñar a tener una mirada crítica respecto a todas esas imágenes y discursos que nos bombardean no sólo en la pornografía, sino en todos los medios de comunicación día a día. Independientemente de lo que queramos, nuestros hijos, nuestras hijas, descubrirán el porno, muy posiblemente algunos consumirán porno con regularidad. No hay modo de evitarlo. Lo más grave, creo, es que esas imágenes, esos discursos sean su única "educación", que a través de esas imágenes y discursos construyan su ser sexual sin que haya un discurso alternativo que lo ponga en duda. Me refiero a un discurso en donde el otro y su dignidad sean importantes; donde la sexualidad sea un juego, sí, pero también una posibilidad de encuentro y crecimiento; donde cualquier forma de agresión sea vista como grave; donde haya muchas posibilidades diferentes de belleza; donde mujeres y hombres nos reconozcamos con los mismos derechos y posibilidades.

Migajas en el camino

- No es fácil advertir la diferencia entre lo erótico y lo pornográfico. Se trata de una diferenciación subjetiva y cambiante. Mi mirada no es la única, es sólo la mía. Aceptemos como posibles otras miradas.

- Si queremos conocer lo que hay en el mundo del porno, no existe otra manera que asomarnos directamente, con curiosidad, dispuestos a ser sorprendidos. ¿Cómo criticar o censurar algo que no conocemos?

- Asumamos que nuestros hijos, alumnos y pacientes han visto, ven o verán porno. Pensar que eso no ocurrirá es ingenuo o, aún peor, una negación que nos impide intervenir.

- Hay adicción al porno, pero la hay también a muchas cosas. La adicción no está en la sustancia o en la práctica, sino en la particular relación que creamos con aquello. Más que prohibir, hace falta trabajar con la relación que creamos con la pornografía.

- Enseñemos que el porno es ficción. Es necesario saber diferenciarlo de la realidad y no crear expectativas falsas.

- Hablemos de las diferentes formas de belleza, incluyendo todas esas que no coinciden con los estereotipos impuestos.

- Seamos conscientes de que la pornografía no es sólo un reflejo de nuestros deseos sino que es una maquinaria que nos enseña qué debemos desear. Cuestionemos y detengámonos a sentir y pensar nuestros deseos auténticos.

- La pornografía en su enorme mayoría está llena de estereotipos de género que hacen de las mujeres objetos para satisfacer al hombre. Refleja casi exclusivamente una mirada masculina muy limitada y pobre. Cuestionemos esa mirada sexista.

- No olvidemos que la pornografía es más que sólo entretenimiento, es un discurso sobre lo que es ser hombre y mujer, sobre los roles que jugamos, sobre lo que debemos desear, sobre el cuerpo y el placer.

- Si queremos educar debemos construir y compartir un discurso alternativo al de la pornografía; no violento, con perspectiva de género, abierto a muchas formas de belleza, que tenga presente la dignidad del otro y la otra.
- Señalemos y cuestionemos la violencia implícita y explícita que aparece normalizada en la pornografía.
- Seamos curiosos y exploremos nuevas formas de porno que intentan proponer algo diferente.
- Acerquémonos a otras formas de expresión de lo erótico: más creativas, más integrales, más equitativas, más amorosas.
- Mantengamos y enseñemos a tener una mirada crítica respecto al porno, pero no sólo acerca de él, también ante la información, publicidad, canciones y programas que aparecen cotidianamente en todos los medios de comunicación.
- Hablemos de sexualidad con nuestros hijos, alumnos y pacientes. Hablemos abiertamente y resolvamos sus dudas o busquemos junto con ellos las respuestas. No permitamos que la pornografía sea su única forma de obtener información.

Mensaje para Lía

Pronto, no sé cuándo, pero pronto, te encontrarás con el porno. Yo me lo topé como a los 11. Fue como un golpe: intenso, sorprendente, extraño. Lo que le ocurría a mi cuerpo era desconocido, una mezcla de excitación y culpa. ¿Qué ocurrirá en tu encuentro? No puedo saberlo. Ojalá tarde. Ojalá sea a una edad en que puedas acomodar mejor que yo lo que veas, leas, escuches. Es una ficción, ¿sabes?, como la mayoría de películas: parece real pero no lo es. Sobre todo, es una especie de "escuela" que pretende enseñarnos cómo debe ser el sexo. Pero casi siempre miente: ni los cuerpos deben ser así, ni las medidas deben ser así, ni las relaciones sexuales deben ser así, ni la sexualidad implica agresión y sometimiento, ni todo lo que se muestra debe gustarte, ni las mujeres deben ser un juguete para los hombres, ni las personas somos objetos. Sí, una ficción casi siempre hecha por hombres y para hombres, desde la mirada de los hombres. Casi siempre, hombres machistas, sexistas, poco inteligentes, poco sensibles. Buscan ganar dinero, nada más. No sólo reflejan los deseos, sino que los inventan. Pretenden enseñarnos qué desear. Y al hacerlo, muchas veces empobrecen nuestra imaginación.

Verás porno. Quizá aprendas algunas cosas, quizá te diviertas, algunas veces te excitarás. Espero que seas capaz de mirarlo críticamente: distinguiendo lo verdadero de lo falso, la agresión de la intensidad, el sometimiento de la libre elección. Que esta forma de volver al otro un objeto no empañe tu mirada y que detrás de cada uno de esos actores y actrices, de cada una de tus parejas, ocasionales o duraderas, seas capaz de ver su humanidad. Porque sólo así serás capaz de no olvidar la tuya.

PONER EN DUDA
AL AMOR: LAS ALTERNATIVAS
A LA PAREJA TRADICIONAL

El que no sabe de amores, Llorona,
no sabe lo que es martirio.
"La Llorona", canción tradicional mexicana

Yo vengo del otro mundo, del anterior a éste, como tú, quizá. En aquel mundo había objetos que ya no son de éste, y junto a esos objetos había gestos, movimientos, sonidos que se han perdido: girar el disco del teléfono para marcar, aprenderse los números telefónicos de memoria, el sonido de la máquina de escribir al teclear y el *plin* que hacía el carro al llegar al límite, girar con una pluma la cinta del casete que se había enredado. Cosas, sonidos y gestos de aquel mundo. Me hubiera gustado habitar en el gesto de quitarse el sombrero, pero llegué después.

Me pregunto si la pareja tradicional, su idea, sus características, no es también algo de aquel mundo que ha quedado atrás. Cuando digo pareja tradicional pienso en una pareja conformada por una mujer y un hombre, unidos por un contrato matrimonial (civil o religioso), que viven bajo el mismo techo, sexualmente exclusivos, unidos hasta que la muerte los separe y que buscan fundar una familia teniendo hijos.

Releo esa idea de pareja y veo cómo en la actualidad se podría desmontar o al menos poner en duda parte por parte: hoy, vemos parejas compuestas por dos hombres, por dos mujeres o por más de dos personas (aunque no se les llame parejas); muchas parejas no hacen ningún contrato y más bien lo sienten como una carga que limita su relación; hay parejas que viven en distintas casas e incluso en distintas ciudades o países, la necesidad de migrar ha hecho que esto sea cada vez más frecuente; muchas parejas eligen vivir su sexualidad con otras personas sin ocultarlo; muchísimas parejas terminan, se separan, se divorcian, y aceptan desde el inicio que esto es una posibilidad; cada vez más parejas eligen no tener hijos, algunas tienen mascotas y otras no.

Te propongo pensar y poner en duda dos ideas profundamente vinculadas a la idea tradicional de pareja: el amor romántico y la exclusividad sexual.

¿Qué historia de amor te conmueve? ¿Qué historia de amor te marcó en la vida? Casi todos conocemos historias de amor que nos tocaron y recordamos. No sólo eso, quizá esas historias también han configurado nuestras ideas y nuestra vivencia del amor. No es extraño: somos seres hechos de historias, seres que se miran a sí mismos a partir de las narraciones que escucharon y que a lo largo de su existencia van haciendo de su vida una narración. En palabras de Paul Ricoeur: "Comprenderse es apropiarse de la vida de uno. Esto implica hacer un relato de ella, conducido por los relatos (históricos y ficticios) que hemos comprendido y amado. Así nos hacemos lectores de la propia vida" (Ricoeur, 1991: 42).

Las historias de amor que escuchamos, leímos, vimos, nos marcan y quizá nos configuran. Unas más que otras. Cuando he hecho esta pregunta a mis alumnos todos recuerdan alguna narración: una novela, una película, una serie, una anécdota familiar. De algún modo esas narraciones nos dicen qué es el amor o, más bien, cómo debe ser. Y están también las telenovelas, las canciones y un sinfín de historias pequeñas o grandes que poco a poco, día a día, se vuelven nuestra educación sentimental. Pero ¿qué dicen esas historias? Detengámonos un poco, escuchemos y miremos con atención. ¿De qué amor nos hablan? Las historias elegidas suelen hablar de un amor que implica enormes dificultades, obstáculos, sacrificios y sufrimiento. No es algo que sucede fácilmente, sino una especie de camino lleno de pruebas. Es como si esas pruebas, ese sufrimiento, esos sacrificios dieran validez al amor. Es así como se demuestra que se ama.

En muchas historias está la idea de la espera. Quien ama espera pacientemente, a veces en condiciones adversas, y a pesar de todo lo que sucede no deja de esperar a esa persona que por fin llegará o volverá para volver a poner en marcha la vida. Lo común es que sea la mujer quien espere a un hombre que iluminará su vida, que la despertará, la descubrirá, que la hará ser quien realmente es.

Y en muchísimas de esas narraciones hay otras ideas: la posesión, los celos, los rivales, la traición, el dolor. "Hasta que te conocí vi la vida con dolor", nos dice Juan Gabriel. "Te vas porque yo quiero que te vayas, a la hora que yo quiera te retengo", "[...] si tus caricias deben ser mías, de nadie más", nos recuerda José Alfredo. "Amar es sufrir, querer es gozar", repite José José desde cualquier estación de radio. "Miénteme una eternidad que me hace tu maldad feliz", canta Bienvenido Granda con su voz arrabalera. Las cantamos desgarrados, sintiéndolas hondo, emocionados. Éstas y cuántas más. Sin dar lecciones teóricas nos dicen que eso es amar. Igual que la Bella Durmiente y Blancanieves nos repiten que amar es esperar el beso (de un hombre, siempre de un hombre) que las despierte.

¿Eso es amar? ¿Esta curiosa mezcla de espera, resistencia, sacrificio, dolor, posesión, celos, olvido total de sí mismo? ¿O es una construcción social que hemos aprendido, repetido y replicado quizá sin cuestionarla? Mari Luz Esteban afirma: "El pensamiento amoroso es un conjunto articulado de símbolos, ideas y teorías en torno al amor que permea todos los espacios sociales e influye en nuestras prácticas estructurando relaciones desiguales y un modo único de entender el deseo, la identidad y al sujeto" (Esteban, 2011: 23). Y aquí pongo freno: estructurando relaciones desiguales, dice. No sólo eso, en su libro *Crítica del pensamiento amoroso* (2011) también afirma que esta idea del amor organiza la vida cotidiana y estructura nuestras biografías, nos domestica, nos convierte en mujeres y hombres, diferentes y desiguales, manteniendo la tensión binaria. No suena lindo, ¿verdad? No se trata de que Mari Luz Esteban sea una mujer que odia el amor. Es que no habla del amor, sino de esa construcción a la que estamos denominando *amor romántico* y que es justo eso que dijimos unos renglones arriba. Una construcción que nos domestica, que amplía la diferencia y la inequidad entre mujeres y hombres, que mantiene la tensión binaria.

¿A qué se refiere con tensión binaria? A ese conjunto de ideas que nos dicen que el hombre es/debe ser: masculino, activo, conquistador, independiente y Uno; mientras que la mujer es/debe ser femenina, pasiva, alguien que a la vez espera y resiste, dependiente y Otra. Siempre la Otra de un Uno, la acompañante del protagonista, la que necesita de él para ser y completarse. Sí, ahora suena menos lindo aún, pero me parece que muchos de nosotros hemos aprendido esta idea del amor que, lejos de ampliarnos, nos limita y empobrece, nos pone a unos con poder sobre otras. Muchas personas están en relaciones de pareja llenas de dolor y control, y permanecen en ellas porque aprendieron que el amor implica sufrimiento y lucha, porque siguen creyendo, como en los cuentos, que el amor todo lo soporta y todo lo vence. Muchas personas, sobre todo mujeres, permanecen en relaciones totalmente desiguales e inequitativas porque aprendieron que el amor es darlo todo sin esperar nada a cambio.

No sólo eso. En esta construcción del amor romántico también nos han enseñado (y de nuevo, sobre todo a las mujeres) que ese amor es lo que da sentido a la vida, que sin él se ha fracasado. Su vida cotidiana se organiza en torno al amor y sus biografías se estructuran a partir de sus amores. Se les inventa que el amor es solución, realización, seguridad existencial, trascendencia, sentido de vida, felicidad, salvación… prácticamente un sustituto de la religión. El amor hace real a la mujer, que antes de su llegada está siempre incompleta, siempre la Otra a la espera de un Uno que valide su existencia.

En el espacio de mi consultorio una y otra vez llegan personas, sobre todo mujeres, que sufren profundamente por no tener a una pareja a su lado; muchas de ellas creen que su vida no tiene valor sin un hombre que las ame. Me conmueve y me indigna. Algunas de ellas son personas brillantes, exitosas en lo profesional y en lo económico, creativas, con familias y amigos que las quieren, independientes, profundas… y es como si nada de eso tuviera peso ante la falta de un hombre.

Las escucho, trabajamos juntos, cuestionamos esa idea del amor heredada y aprendida. ¡Tan antigua! En el mito griego ya Penélope esperaba a Ulises. Yo no quiero que mi hija se viva como la que espera siempre, no quiero que se sienta incompleta, no quiero que confunda el amor con sufrimiento o control. Quizá por eso pienso en ella cada vez que leo el breve poema de Guisela López:

> Una vez roto
> el mito de Penélope
> desataré la luna
> y zarparé,
> el alba entre los dedos
> a construir un nuevo país,
> sin matrimonios,
> sin esperas,
> donde la soledad
> no duela.

La pareja tradicional se apoya también en la idea de la exclusividad sexual, eso a lo que suele llamarse (equivocadamente desde mi punto de vista) *fidelidad*. Es decir, si tengo una pareja no podré vincularme eróticamente a nadie más, y si lo hago cometo una traición grave a la relación. Para muchas personas es incluso la peor transgresión posible. Una y otra vez escucho decir: "Podría perdonar todo menos una infidelidad", "Si descubro a mi pareja con otra persona, en ese momento me separo". Quizá tú has oído lo mismo.

En mi consultorio, por otro lado, escucho a muchísimas personas que tienen relaciones extrapareja y que lo viven con enorme culpa. La infidelidad (ya diré por qué no me gusta el término) es un tema que lleva a varias parejas a mi consultorio y puedo afirmar que es una de las cuestiones que genera más sufrimiento a las dos partes. Detrás del dolor está esa idea de traición imperdonable que mencioné antes.

El tema me inquieta desde hace años porque cuando miro alrededor me encuentro con que muy pocas, pero muy pocas parejas logran cumplir con esta obligación de exclusividad que nos hemos impuesto. A veces siento como si nos exigiéramos algo inalcanzable para la mayoría y luego nos castigáramos severamente porque no estuvimos a la altura de esa exigencia. El costo, ya lo dije, es el dolor, la vergüenza, la culpa, la represión, la frustración, el resentimiento.

Me parece que la idea de la exclusividad sexual como una obligación surge a su vez de dos ideas previas sobre las que se sostiene nuestra construcción del amor. La primera de ellas es la siguiente: "Si amo a alguien, esa persona me será suficiente y llenará todas mis necesidades, yo a su vez, le seré suficiente y llenaré todas sus necesidades". Suena lindo, sin duda, pero me parece que es falso. Nuestras necesidades y deseos son muchos, complejos y cambiantes; no creo que alguien pueda satisfacerlo todo, y no sólo eso: no creo que alguien deba cargar con el enorme peso de satisfacer por completo la vida de otro. Al mismo tiempo me asumo incapaz de llenar todas las necesidades y deseos de mi pareja, y tampoco quiero esa carga que me parecería brutal; no lo quiero para ella ni para mí. Me parece que amar a alguien y ser amado por alguien de ningún modo garantiza sentirse colmado en todas las áreas, y eso incluye lo sexual. Lo escribo y me incomodo, me perturba. Siento que se rompe una fantasía hermosa, pero no deja de ser una fantasía.

No, mi pareja no satisface todas mis necesidades ni yo las de ella. Es así. Quizá tampoco las sexuales. Diré algo más: no se trata sólo de que mi pareja me ofrezca todo lo que necesito: como terapeuta Gestalt creo profundamente que lo que surge en mí depende siempre de ante quién estoy, soy siempre *ante* el otro, y cada otro hace emerger aspectos diferentes de mí. Ante mi pareja surge un yo sexual con ciertas características, pero hay otras partes de mi ser sexual que no emergen ante ella. Surgirían sólo ante otras personas y ante otras parejas sexuales.

Lo que quiero decir es que si elijo la opción de la exclusividad sexual inevitablemente estaré renunciando a algunas necesidades y deseos personales e incluso a algunas partes de mí que no se manifestarán. Lo mismo ocurrirá con mi pareja. Tampoco estoy diciendo que esté mal la renuncia, pues me parece imposible elegir algo sin renunciar a otras cosas. Lo que intento aclarar es que la idea de que el amor hará que no necesite nada más es una ilusión.

La segunda idea que sostiene la exclusividad sexual es, creo, la de la posesión, la de la propiedad. Si nos amamos entonces nos pertenecemos uno al otro. Eres mía y soy tuyo. Tu sexualidad y tu cuerpo me pertenecen tanto como mi sexualidad y mi cuerpo son de tu propiedad; así que si alguno de los dos tiene un encuentro erótico con alguien más de algún modo está quitándole al otro lo que le pertenece. Hay un despojo de lo mío y, por tanto, tengo derecho a sentirme agraviado. Me hiciste algo. A mí.

Pero ¿los seres humanos podemos ser propiedad unos de otros? ¿Queremos eso? ¿Nos hace bien? Sinceramente, no lo creo. Entiendo que puede haber muchas objeciones a lo que digo: esta fidelidad es una elección, un regalo que se le hace a la persona amada, etcétera. No dejo de ver eso, pero me parece que ese regalo y esa elección con frecuencia se convierten en una imposición, y que lejos de ser un regalo que se da alegremente, aquello se vuelve una forma de represión, de control y de ejercicio del poder.

Es aquí donde me parece que exclusividad sexual y fidelidad no son lo mismo. Creo que se puede ser sexualmente exclusivo sin ser fiel y se puede ser fiel sin ser sexualmente exclusivo. Alguna vez escuché —no recuerdo dónde— que *la fidelidad es la permanencia en el amor*, hacer lo que se necesite para mantenerse en el amor y fortalecerlo. Me gusta esa definición. La fidelidad amorosa es activa, es fructífera, está viva. No se limita a la exclusividad sexual.

Imagino a una pareja que sigue junta después de algunos años, son sexualmente exclusivos porque les aterra buscar a alguien más, se aburren juntos, se soportan, se ignoran, y no hacen nada para acercarse o transformar su situación. ¿Son fieles uno al otro? Me parece que no, por más que sean sexualmente exclusivos. No hacen nada para que el amor permanezca. Yo no quiero esa fidelidad que más parece una tierra estéril en donde ya nada dará fruto.

No quiero decir que considere equivocada la opción de ser una pareja monógama y sexualmente exclusiva. Con seguridad hay personas que pueden vivir esta posibilidad y que vivirla les da plenitud y las hace crecer. Lo que creo un error es que se nos ofrezca este modelo de pareja como el único posible, el único válido y el único ético; y que tantas personas se hagan tanto daño queriendo calzar en él. No hablo por hablar: cotidianamente veo a pacientes, amigos y familiares que para caber en ese esquema único tienen que mentir, engañarse, sentirse culpables, sentirse traicionados, separarse...

¿Es que hay otros modelos posibles? ¿Y esos modelos pueden ser amorosos, libres, éticos? Los hay. O al menos hay intentos de crearlos y arriesgarse a vivirlos con todas las dificultades que también pueden traer. Asomémonos a algunos.

Vivir sin pareja y en celibato

Una opción posible es la de las personas que eligen no tener pareja y no tener práctica sexual. Hay razones religiosas para elegir este camino, pero no necesariamente. Vivimos en una cultura que juzga la falta de pareja y el celibato como una carencia, como una incompletud, incluso como una patología. La libertad sexual incluye la libertad de no tener práctica sexual. Me parece importante y necesario reconocer que hay muchas formas además de la pareja para relacionarse íntimamente; que es posible vivir así y tener una existencia plena y sana. Por supuesto, esto depende de que se trate de una decisión libre y no del resultado de una imposición o de la represión.

Vivir sin pareja teniendo práctica sexual

Otras personas eligen tener práctica sexual sin que eso signifique vivir en pareja. No quieren vivir con alguien. No quieren formar una pareja. Están a gusto a solas, pero desean vivir su sexualidad y lo hacen. Asumen que tienen diferentes necesidades, pero tienen a su lado personas con quienes las cubren. Recuerdo las palabras de una participante en un grupo: "Hoy no quiero tener pareja y tampoco la necesito. Recibo un amor profundo de mi familia y mi hijo, complicidad y apoyo de mis amigos, buenas relaciones sexuales de mis amantes y económicamente me basto sola. Ahora así estoy bien y con mis necesidades satisfechas".

Amistad erótica

No se trata solamente de un vínculo sexual, sino de una verdadera amistad que incluye el apoyo, la intimidad, la complicidad, la presencia que hay entre los amigos. En este caso, también se comparte la sexualidad, pero ese hecho no los convierte en pareja, pues no desean serlo. Actualmente se le nombra de muchas formas: *amigos con derechos, free, amigovios, fucking friends...* Con frecuencia se escucha que el sexo estropea la amistad. ¿Es así en todos los casos? ¿Podría ser lo contrario? Quienes eligen esta opción creen que el sexo puede ser una faceta más de la amistad, algo que incluso la hace más profunda. La amistad, para ellos, es una buena razón para tener sexo. Esto significa que es posible compartir intimidad y sexo sin esa locura que es el enamorarse, y sí desde un lugar más elegido y sereno.

Pareja abierta

Básicamente se trata de parejas que tienen un vínculo afectivo a largo plazo, que se aman, pero deciden que sea válido tener experiencias eróticas o amorosas fuera de la pareja, siempre y cuando estas relaciones sean temporales y no ocupen el lugar de la relación primaria. Son parejas que asumen que el otro no puede ni debe satisfacer todas sus necesidades o deseos, y no quieren renunciar a ellos, por lo que aceptan que puedan buscar otras personas para satisfacerlas. En realidad, bajo este nombre pueden agruparse relaciones con normas muy diferentes: hay parejas abiertas en las que sólo es válido involucrarse sexualmente pero no afectivamente, hay parejas en las que es válido involucrarse de ambas formas, hay parejas que deciden hablar entre ellos de sus experiencias afuera y otras prefieren guardarlo en secreto, hay parejas que viven esas experiencias en el propio espacio de ambos y parejas que acuerdan vivirlas siempre en otro lugar, hay parejas que se permiten conocer a los otros involucrados y parejas que no. Lo que hay en común es la idea de que el vínculo amoroso que tienen no se romperá por el hecho de tener experiencias fuera.

Pareja *swinger*

Son parejas con una relación a largo plazo que deciden no ser exclusivos en lo sexual. Asumen su necesidad/deseo de tener experiencias sexuales con otras personas y las viven juntos casi siempre. La forma más común es la de intercambio de parejas, aunque el movimiento *swinger* cada vez más se ha abierto a otras prácticas sexuales como los tríos o el sexo en grupo. Algo característico es que no se mezcla la intimidad emocional con el juego sexual. Las relaciones con personas externas a la pareja pueden ser casuales o durar más tiempo. Hay parejas que se nombran *soft*, es decir, los juegos sexuales que tienen con otras personas no incluyen el coito, que se reserva sólo para la pareja. Otras parejas eligen que el coito con otros sí sea parte habitual de sus juegos. Actualmente hay páginas de internet, reuniones privadas y clubes para que las parejas *swinger* coincidan. En la mayoría de los clubes hay espacios para que se den los juegos sexuales.

Poliamoroso

Son personas que creen que es posible y válido mantener relaciones amorosas y sexuales con más de una persona simultáneamente con el conocimiento de todos los involucrados. El énfasis suele estar puesto en la intimidad emocional más que en lo sexual. Dentro del poliamor hay diferentes formas de relación y de acuerdos: existe el poliamor jerárquico, en el que hay parejas que se consideran primarias y otras secundarias, o lo que es lo mismo, una relación principal y otras supeditadas a ella; en el poliamor no jerárquico, en cambio, todas las parejas tienen la misma importancia, ninguna tiene una posición privilegiada sobre las otras. Hay relaciones poliamorosas que practican la polifidelidad, es decir, el grupo de personas involucradas no busca nuevas personas, hay exclusividad entre todas ellas. Hay también relaciones poliamorosas abiertas, en las que cada miembro puede tener relaciones aparte de las del grupo. A veces también está la posibilidad de amar a personas de ambos géneros.

Anarquía relacional

Es un tipo de relación que no privilegia unas relaciones sobre otras. No hay exclusividad amorosa ni sexual de ningún tipo y no se hacen categorías con las relaciones, es decir, no distinguen entre pareja romántica, amistad, pareja sexual. Cualquier vínculo puede, potencialmente, ser romántico, amistoso, sexual. Pueden tener amistades sexuales no románticas, relaciones románticas no sexuales, amistades no sexuales ni románticas, etcétera. Todas con la misma importancia, pero además todas podrían transformarse. Rechazan toda jerarquización e incluso poner nombres o etiquetas a las relaciones, pues piensan que al nombrarlas de cierta forma se limitan de algún modo.

Muy posiblemente ante esta diversidad de posibilidades la tía conservadora que hay en mí (y quizá también en ti) se escandalice y diga que todas esas opciones no son sino formas de hacer lo que nos dé la gana y caer en el más completo libertinaje. Se nos enseñó que la pareja tradicional y monógama es lo natural y base de nuestros valores. ¿Lo es? Filósofos como Foucault y Derrida nos invitan a poner en duda especialmente eso que se define como natural y definitivo. Quizá lo que ha ocurrido, dirían, es que hemos decidido *naturalizar* muchas imposiciones sociales para evitar ponerlas en duda, para obedecerlas como algo absoluto.

Muchas personas que establecen alguna de estas formas de vínculo afirman que son una opción ética o una ética relacional que les permite ser congruentes con lo que creen. Intentan romper el esquema único que, como dije antes, con frecuencia es motivo de sufrimiento. Personalmente no creo que ninguno de estos modelos sea perfecto o que logre acabar del todo con muchas de las formas crónicas con que nos lastimamos y nos controlamos unos a otros; sin embargo, sí me parecen un intento valiente por crear algo diferente. Son, sin duda, una rebelión contra la forma dominante y mononormativa. Crean un lenguaje nuevo que se enfrenta al lenguaje normalizado que habla de fidelidad, celos y posesión.

Dossie Easton y Janet W. Hardy, en su libro *Ética promiscua*, señalan que ninguna de estas opciones excluye la ética; por el contrario, implican un profundo respeto al otro y a su dignidad como persona.

"Somos personas éticas —afirman—. Nos es muy importante tratar bien a la gente y hacer todo lo posible para no herir a nadie. Nuestro código ético deriva de nuestro propio sentido de lo que está bien y mal, y de la empatía y amor que tenemos para quienes están a nuestro alrededor. No está bien herir a otra persona porque, a la vez, también nos hacemos daño y no nos hace sentir bien" (Easton y Hardy, 2009: 34).

Ninguna de estas opciones es ajena a valores humanos que es necesario respetar. Hay algunas ideas que están en la base de estos nuevos vínculos. Pongo aquí las que me parecen más interesantes.

Abundancia en lugar de carencia

Crecimos con la idea de que el amor y el deseo son bienes escasos y no renovables. Hay poco, se acaba, falta. Desde esta idea sentimos que si amo o deseo a alguien ya no puedo amar o desear a nadie más. Creemos que si mi pareja ama o desea a alguien más, tendrá que quitarme a mí ese amor o deseo, pues no alcanzará para dos personas. De algún modo competimos unos contra otros para ganar amor. Si una persona tiene más de una pareja está abusando y "robando" el amor que podría ser para otros. ¿Verdad que suena familiar? Pero si partimos de que el amor y el deseo son bienes abundantes algo cambia: puedo querer a una persona y luego a otra sin quitarle nada a ninguna. Mi pareja puede desear a alguien más sin que por eso deje de desearme a mí. No hace falta competir por amor, pues el amor y el deseo se multiplican. Hay para todos si deseamos buscarlo.

Libertad en lugar de posesión

Amar, desde este punto de vista, no nos da derecho a controlar al otro, a la otra. Un ser humano no puede poseerse como quien posee un objeto. Si decides tener una experiencia con alguien fuera de la pareja, no *me* quitas algo, no *me* haces algo, en todo caso es algo que haces *para ti*. Si te amo, deseo que seas libre para elegirme o no a cada momento.

Compersión en lugar de celos

Seguramente todos sabemos lo que son los celos, al menos como término, pues siempre están presentes en las relaciones. Y es muy posible, en cambio, que pocos hayamos escuchado el término *compersión*. Se define como un estado empático de felicidad y placer experimenta-do cuando otra persona experimenta felicidad y placer. De algún modo es lo opuesto a los celos. Cualquier padre lo ha sentido por sus hijos, cualquier amigo por sus verdaderos amigos. También podemos sentirlo por una pareja si su placer me da placer, aun cuando ese placer no sea conmigo.

Completud en lugar de incompletud

No estamos incompletos. No necesito que estés a mi lado para validar mi existencia o para que me des derecho a ser. "Ser es un acto que, en su dimensión más absoluta no puede estar mediado por ningún tipo de permiso, acompañamiento o protección" (Esteban, 2011: 180). Es ver-dad que nos hacemos y crecemos con otros, que somos seres en relación; pero eso no significa que sin una pareja me quedaré a medias.

Mirar al otro, a la otra

Cualquier vínculo se construye con otros seres humanos. Esto implica una responsabilidad básica: ser capaz de mirar al otro, a los otros, en toda su dignidad y tratarlos con empatía, respeto y amorosidad. Esto requiere la decisión constante de no herir, de darse cuenta de si al-guien puede resultar dañado y evitarlo. Se trata de crear relaciones que nos permitan aprender, crecer y desarrollarnos, y hacer del mundo un lugar mejor.

Sinceridad y consenso

Ninguno de estos vínculos puede construirse desde el engaño o la men-tira. Se trata justo de lo contrario: poder aceptar y nombrar las necesidades de cada persona involucrada. Lo que se haga debe hacer-se siempre con la aceptación de quienes participen. Esto implica una constante comunicación.

> Hacemos todo lo posible para que nuestros miedos y timidez no sean un obstáculo para nuestra honestidad; confiamos en que nuestras parejas segui-rán respetándonos y amándonos, con todos nuestros defectos. *Admitimos las*

repercusiones de nuestras elecciones sexuales. Vemos que a menudo nuestras emociones, nuestra educación y los estándares de nuestra cultura entran en conflicto con nuestros deseos sexuales. Y nos comprometemos conscientemente para ayudarnos personalmente y a nuestras parejas mientras resolvemos esos conflictos de manera honesta y digna. No dejamos que nuestras elecciones sexuales tengan un impacto innecesario en quienes no han consentido en participar. Respetamos los sentimientos ajenos, y cuando no tenemos la seguridad de cómo se está sintiendo alguien, lo preguntamos. (Easton y Hardy, 2009: 35)

Desde siempre, un gran número de personas han sentido que no se adecúan a la relación monógama a largo plazo, pero al presentarse como la única opción válida acaban poniéndose en duda a sí mismas (no sé amar, no sé relacionarme) antes que cuestionar el modelo impuesto. ¿Y si cuestionamos el modelo en lugar de a nuestros deseos y necesidades?

Ante la crisis de la pareja tradicional cada vez más personas se plantean estas posibilidades de vínculo. Ninguna es sencilla, pues no tenemos modelos claros para navegar en ellas; suponen siempre una aventura, con ventajas y desventajas, con heridas, con riesgos.

Recientemente he escuchado un término que me parece interesante: *designer relationships* (Michaels y Johnson, 2015), que podría ser traducido como "relaciones a la medida". Una relación a la medida es *cualquier relación en la cual las partes se sientan a discutir abiertamente lo que cada una de ellas quiere respecto a la relación y de qué manera debería evolucionar con el tiempo.* Parte de la idea de que ningún modelo de vínculo es mejor que otro. Cada pareja (o grupo) es diferente y tiene necesidades propias, y no sólo eso: cada pareja (o grupo) es un vínculo dinámico que crece, se transforma, cambia con el tiempo, lo que puede dar lugar a que surjan nuevas necesidades. Lo importante es que cada pareja (o grupo) pueda cocrear (porque cada relación es una creación conjunta) su propia forma de relación, con sus propias normas, y que éstas puedan cambiar en la medida que la relación se transforme.

Lo que he intentado explicar hasta el momento es la relevancia de dejar de ponernos en duda a nosotros o a nuestra capacidad para ser pareja y, en lugar de eso, poner en duda el modelo que se nos impone como único. Pero también podemos hacer lo contrario, es decir: cuestionarnos a nosotros mismos. ¿No será que todas estas nuevas posibilidades surgen, no desde el deseo de honestidad y libertad, sino desde nuestro miedo a la renuncia y nuestra incapacidad para el compromiso? ¿No será que ya no estamos dispuestos a esforzarnos por una relación porque preferimos desechar en lugar de reconstruir? ¿No será que lo queremos todo?

Me gusta hacerme también esas preguntas. No tengo respuesta para ellas. Me inquietan. No quiero evadirlas porque también forman parte de esta discusión y porque creo que es importante plantearlas. Así estoy ante el tema, y creo que en este mundo nuevo así estamos muchos: cansados de lo antiguo, queriendo crear formas nuevas, temerosos de no saber hacerlo. En todo caso, llenos de preguntas, lo cual me parece bueno, porque las preguntas abren, hacen espacio, nos invitan a dialogar.

Migajas en el camino

- Cuestionemos la idea de un sólo modelo válido de pareja. No se trata de negar el modelo tradicional, pero recordemos que no es la única opción.
- Pensemos en qué historias de amor nos han marcado y por qué. Meditemos acerca de qué historias de amor transmitimos a nuestros hijos y alumnos. ¿De qué amor hablan? ¿Cuánto sufrimiento hay en ese amor? ¿Es igual para mujeres y hombres?
- ¿La idea que tenemos del amor nos amplía o nos limita? ¿Nos abre posibilidades o nos las quita? ¿Nos ayuda a crear relaciones equitativas o nos obliga a repetir patrones desiguales? Es necesario planteárnoslo.

- ¿Y si también ponemos en duda nuestras certezas acerca de la exclusividad sexual? Quizá hay en ella una idea de posesión y control. No algo elegido, sino algo impuesto.

- Cuestionemos la idea de que al ser pareja debo satisfacer todas las necesidades del otro u otra, y de que ella o él podrán satisfacer todas mis necesidades. Por el contrario, reconozcamos que ningún ser humano puede satisfacernos en todo.

- Cuestionemos la idea de que los seres humanos podemos ser propiedad unos de otros. Cuestionemos la idea de que nuestra pareja nos pertenece o de que nuestros hijos nos pertenecen.

- Preguntémonos si hay modelos de pareja distintos al de la pareja tradicional monógama. ¿Tales modelos pueden ser amorosos? ¿Pueden ser éticos? ¿Pueden ser congruentes?

- Seamos curiosos y exploremos esos otros modelos y las razones que tienen las personas para establecerlos. Me refiero a modelos como: vivir sin pareja y en celibato, vivir sin pareja pero teniendo relaciones sexuales, amistad erótica, pareja abierta, pareja *swinger*, poliamor, anarquía relacional.

- Hagamos lugar a la idea de compersión en nuestras relaciones cotidianas.

- Cuestionemos la idea de que sin una pareja estamos incompletos o somos deficientes.

- No sólo pongamos en duda nuestros deseos y necesidades porque no se acomodan al modelo impuesto; también seamos capaces de cuestionar el modelo impuesto respetando nuestros deseos y necesidades.

- Recordemos que cada pareja tiene necesidades propias y distintas a las de otras parejas. Y que estas necesidades cambian con el tiempo como cambiamos nosotros.

- Seamos curiosos del tipo de relaciones y vínculos que establecen nuestros hijos, alumnos y pacientes. ¿De qué tratan? ¿Qué reglas tienen? ¿Cómo los eligen? ¿Cómo los nombran? Conozcámoslos antes de descalificarlos.

- Enseñemos a nunca perder de vista al otro, a la otra; que independientemente del tipo de vínculo que formemos —duradero o fugaz, formal o informal—, es necesario cuidar la dignidad del otro y la propia dignidad.

Mensaje para Lía

El amor, sí, pequeña. Profundo, real, sereno, arrebatado, libre, comprometido. Vendrá. Pero hablo de ese amor que mira al otro, a la otra, sin dejar de mirarte a ti, un amor equitativo y fértil que permite crecer. No ese otro amor-baratija del que nos llenan la cabeza y que no es sino una de las formas más empalagosas de la posesión, ese dizque amor hecho de celos, de sufrimiento, de inacabable espera. El amor es libre o no es amor. Nos hace crecer o no es amor. Nos da alegría o no es amor. Llegará un él o una ella y espero que se amen comprometidamente. Ah sí, porque creo que no hay amor sin compromiso. No digo atadura, que conste, o sin compromiso. Creo que amar nos compromete porque la existencia del otro o de la otra a quien amamos es un llamado que invita a una respuesta. Un llamado, creo, a cuidar su humanidad, a intentar evitar el sufrimiento, a construir un mundo mejor para ustedes y para los demás. Responder a ese llamado es un compromiso. Deseo que ames y te amen así. Lo demás poco importa: si es un él o una ella o unos ellos, si firman papeles o no, si eligen la exclusividad o el compartirse, si le ponen nombre o no se lo ponen. No importa: te tocará cocrear con esa persona el tipo de vínculo que los acerque a la felicidad (que los acerque, digo, porque la felicidad completa es siempre inalcanzable) y los haga compañeros. Creo que a tu alrededor tienes modelos lindos: tus abuelos supieron hacerlo a su manera, tu madre y yo lo intentamos; pero sé que tu forma será distinta a la nuestra. Invéntala, no dejes que nadie te imponga su forma. Y si no funciona, habrá que corregir e inventar una nueva. Por allá viene el amor, el de verdad. Abrázalo y lánzate a la aventura. Buen viaje, mi niña.

LAS IDENTIDADES
COMO FICCIÓN

Las cosas ya no quieren ser vistas
por personas razonables.
Ellas desean ser miradas de azul.

Manoel de Barros

En aquel mundo que dejamos, ése del que aún nos alcanzan lejanas señales, las certezas eran importantes. Nos aferrábamos a ellas porque nos permitían sentir que bajo nuestras pisadas había un suelo firme. A veces, con cierta nostalgia, suspiro por aquella ilusión.

Teníamos certezas en materia de sexualidad, género e identidad. Trato de resumirlas así: biológicamente hay hombres y mujeres (siempre se nombraba primero a los hombres). Los hombres se sienten y se saben hombres mientras que las mujeres se sienten y se saben mujeres. Los hombres son masculinos y las mujeres femeninas, cada género tiene características claras. Los hombres se sienten atraídos sexual y afectivamente por las mujeres y las mujeres por los hombres. Punto final.

Claro, si uno se asomaba al mundo veía que no todo era así: siempre hubo personas que salían de ese molde, pero eso no nos inquietaba puesto que cualquier desviación de la norma podía definirse como una anomalía, un defecto, una patología biológica o psicológica. Listo: nuestras certezas quedaban inamovibles y podíamos suspirar aliviados.

En este mundo nuevo, esas certezas se acabaron.

Cada una de estas ideas es cuestionada, puesta en duda, cuando no dinamitada. Aun las que creíamos más estables. ¿Empezamos por lo biológico?

Decíamos que biológicamente había hombres y mujeres. La distinción más evidente son los órganos sexuales externos: el pene y la vulva. Sabemos que hay sujetos (una minoría) que nacen con órganos sexuales indiferenciados, con características a la vez de hombre y de mujer; lo que antes se llamaba *hermafroditismo* y hoy se llama *estados intersexuales*. Y decidimos nombrarlos *anomalías, defectos, alteraciones durante la gestación.* Con el tiempo creamos formas de intentar corregirlos: podíamos, a través de la cirugía y del uso de hormonas, intentar acercar ese cuerpo "anómalo" hacia uno de los polos para convertirlo en lo más cercano posible a un hombre o una mujer. Sin embargo, hoy, esta idea está en crisis. Resulta que muchas personas intersexuales deciden no someterse a cirugías o a hormonas para acercarse a uno de esos polos; en lugar de eso, eligen seguir siendo como son y se niegan a ser vistas como una anomalía. Plantean preguntas muy interesantes: ¿no será que llaman *anomalía* a aquello que no cabe en su rígido modelo binario? ¿Y si el modelo binario —hombre y mujer, macho y hembra, masculino y femenino, etcétera— es sólo una construcción social, un invento? ¿Y si hay una maquinaria que produce cuerpos de hombre y de mujer? ¿Y si lo que llamamos *estados intersexuales* no son una anomalía, sino otra posibilidad de lo humano? ¿Y si hay más que dos sexos? Paul B. Preciado sostiene que la anatomía que damos por hecho es "un sistema de representaciones históricamente fabricado [...] el resultado de convenciones políticas y sociales cambiantes" (Preciado, 2019: 71). Aún más lejos: "Masculinidad y feminidad, heterosexualidad y homosexualidad no son leyes naturales sino prácticas culturales contingentes. Lenguajes del cuerpo. Estéticas del deseo" (ibídem: 249).

Personalmente me encantan estas preguntas. Cimbran la base misma de muchas de nuestras creencias, de nuestro modo de entender el mundo. De nuevo, no tengo respuestas, pero me parece necesario plantearnos las preguntas.

Comprenderás que si esta idea que creíamos tan básica se pone en duda, podemos cuestionar todo lo demás: puede haber hombres que se sientan mujeres y mujeres que se sientan hombres, puede haber hombres femeninos y mujeres masculinas, puede haber hombres que aman a otros hombres y mujeres que aman a otras mujeres. Y nada de eso es una anomalía sino posibilidades.

Pero aún nos quedamos cortos, pues en el párrafo anterior intencionalmente he seguido jugando el juego del modelo binario: o se es una cosa o la otra. ¿Vamos más lejos? Puede haber personas que no se identifican con la idea de ser hombres o mujeres. Puede haber personas que no encajan en la idea de lo masculino ni lo femenino o que pueden ser de ambas formas o que simplemente no creen que exista tal cosa como lo masculino y lo femenino. Puede haber personas que aman a personas sin importarles sus órganos sexuales o su género. Y nada de eso es anomalía, sino posibilidades.

> Permítanme decirles que la homosexualidad y la heterosexualidad no existen fuera de una taxonomía binaria que busca preservar el dominio del *pater familias* sobre la reproducción de la vida [...] privilegia las prácticas sexuales reproductivas en beneficio de una estrategia de gestión de la población, de la reproducción de la fuerza de trabajo, pero también de la reproducción que consume. (Preciado, 2019: 24)

Hace algunos meses llegó a mi consulta: 19 años, un rostro hermoso y delicado, cabello corto, voz aguda, camisa suelta, pantalones masculinos. Asistía a terapia a petición de su madre en primer lugar, aunque había temas personales que quería trabajar. Antes había acudido a un psiquiatra pero no le había gustado. El psiquiatra no dudó en definirla (diagnosticarla) como transgénero. Había nacido biológicamente mujer pero nunca se sintió así, ni quería serlo. Oprimía sus pechos con vendas y usaba ropa que correspondería al rol masculino. Para el psiquiatra todo pareció claro: si no se siente mujer entonces se siente hombre y desea parecerse a uno. Transgénero. Pues no, las cosas no son así de simples si nos salimos de la construcción binaria. Efectivamente nunca se sintió mujer ni quería serlo. "¿Te sientes varón y deseas serlo?", pregunté. No dudó ni un segundo: "No". "¿Cómo te definirías entonces, si eso es posible?", volví a preguntar, ya imaginando su respuesta: "No quiero ser mujer, pero eso no significa que quiera ser hombre. No me ajusto a ninguna de esas posibilidades. Quiero ser yo. ¿No es suficiente?".

Al escucharla pensaba en las palabras de Preciado: "No soy un hombre. No soy una mujer. No soy heterosexual. No soy homosexual. No soy tampoco bisexual. Soy una disidente del sistema sexo-género. Soy la multiplicidad del cosmos encerrada en un régimen epistemológico y político binario, gritando delante de ustedes" (Preciado, 2019: 25).

Bienvenidos al nuevo mundo.

Sin embargo, esta nueva mirada empezó en el mundo de antes. El pensamiento feminista y las propuestas filosóficas de Foucault y Derrida fueron su germen. Luego, pensadores(as) como Teresa de Lauretis, Eve Kosofsky, Judith Butler y Paul B. Preciado profundizaron en ello y crearon lo que hoy llamamos *teoría queer*. Surgió como una crítica social, como una acción política y de resistencia a la normalización y a la naturalización de la heterosexualidad. Ojo: no se trata de un grupo de revoltosos con ideas extrañas. Estamos hablando de teóricos(as) de altísimo nivel. Filósofos(as) con una agudeza sorprendente, expertos(as) en teoría de género, sexualidad, semiótica, etcétera. Sus ideas están, literalmente, transformando muchos conocimientos que dábamos por hecho.

Queer es una palabra en inglés que en realidad se usaba como un insulto o descalificación. Quiere decir torcido, extraño, abyecto, raro, mal hecho; y se atribuía a todo lo que pusiera en cuestión y no cupiera en el orden heteropatriarcal y en esa construcción binaria que ya mencioné: lo homosexual, lo lesbiano, lo transexual, lo travesti, lo fetichista, lo sado, etcétera. Lo interesante es que estos teóricos y activistas retomaron la palabra y se la apropiaron para autonombrarse, de modo que de algún modo la despojaron de su poder de descalificar. Un insulto sólo puede serlo si lo tomo como tal.

Lo *queer* no es una identidad, sino una posición crítica a la construcción de las identidades.

Hemos asumido como un hecho natural que hay hombres y mujeres, heteros y homos, masculinos y femeninas. Cuando digo *natural* estoy hablando de una determinada naturaleza humana, que así es, que no puede cambiarse, que siempre fue así.

[En] la modernidad occidental se ha construido e instituido un régimen normativo en lo concerniente al género y la sexualidad: la heteronormatividad o heterosexualidad obligatoria. Este régimen define cuáles son las identidades de género inteligibles y *correctas*, y castiga aquéllas que no lo son. Según los cánones de la heteronormatividad, sólo existen dos identidades sexuales *verdaderas*, a saber: "hombre" y "mujer". (Butler en Gros, 2015)

La teoría *queer* cuestiona esto. Nos dirá que el modelo binario y la heterosexualidad son asuntos políticos, normas impuestas que obedecemos sin cuestionar. También cuestionan la idea de lo homosexual o lo gay, pues consideran que esas denominaciones surgieron desde la heteronormatividad, son una especie de "sector de mercado" de lo heterosexual. La teoría *queer* se desmarca de cualquier idea preconcebida. En palabras de Judith Butler: "El yo no es un ser delimitado sino un perpetuo problema de delimitación" (2014), es decir, no estamos terminados, no somos algo fijo y hecho, sino un constante proceso de hacernos y ese proceso no es fácil, pues se enfrenta a constructos que una y otra vez buscan normalizarnos, estandarizarnos, hacernos caber en algo ya fijo; y si no lo hacemos se nos discrimina y estigmatiza, se nos provoca miedo y culpa. Con cierta frecuencia se escuchan las ruidosas protestas de grupos conservadores de derecha defensores de la heterosexualidad normativa y obligatoria en contra de lo que ellos llaman *ideología de género*. Por eso habla Butler de un problema.

Hay una palabra que es central en esta teoría: *deconstrucción*, que es un término usado por el filósofo francés Jacques Derrida.

Deconstruir tiene más que ver con desarmar que con destruir. Se parte de la idea de que hay conceptos, discursos, conocimientos, que se dan por hecho, que parecen indudables, incuestionables, definitivos; como si siempre hubieran sido así. Deconstruir es regresar a esos conceptos, discursos, conocimientos y ponerlos en duda o, mejor aún, preguntarse cómo es que se "convirtieron" en la única forma aceptada, cuál es su historia, de qué modos está el poder detrás de esa conclusión. En el fondo, la deconstrucción afirma que si un concepto se mira como definitivo es porque así se construyó, y para eso fue necesario que otros conceptos alternativos fueran desechados o vencidos. Es decir, un concepto se impuso sobre los demás, y esa imposición de un concepto sobre los otros tiene historia. Si revisamos esa historia nos encontraremos con esas ideas diferentes, derrotadas y excluidas. ¿Qué dicen? ¿Por qué se hicieron a un lado? ¿A quién sirve esa exclusión? Así, esta labor de desarmar se rebela contra lo que parece absoluto.

Como puedes ver, la deconstrucción de un concepto o un discurso no lo destruye sin más, porque parte de él y lo cuestiona. No se trata de borrarlo todo ni de aceptarlo todo, sino de recibirlo, interpelarlo, interpretarlo, hacerle preguntas, reinventarlo y transformarlo. Más que un acto de destrucción se trata de un acto creativo.

La teoría *queer* deconstruye los procesos históricos y políticos que inventaron un cuerpo dominante que excluye a los otros cuerpos. ¿Cómo es ese cuerpo dominante? Blanco, delgado, sano, autosuficiente, joven, hetero. Tenemos un cuerpo, somos un cuerpo, de eso no hay duda; pero lo hemos cargado de significados sociales y políticos.

La teoría *queer* desnaturaliza la identidad, nos dice que no es algo biológico y corporal sino psicosocial y ligado al poder. Y si no es natural, tampoco es inalterable o necesario. "Lo que denominamos subjetividad no es sino la cicatriz que deja el corte en la multiplicidad de lo que habríamos podido ser. Sobre esa cicatriz se asienta la propiedad, se funda la familia y se lega la herencia. Sobre esa cicatriz se escribe el nombre y se afirma la identidad sexual" (Preciado, 2019: 22). Nos dirá que las identidades son *ficciones*, creaciones nuestras y de la sociedad. Ficciones políticas, históricas, lingüísticas, psíquicas... Otra forma de decirlo es que son actuaciones, performances, representaciones, repeticiones de un papel escrito mucho antes de que naciéramos y que repetimos sin darnos cuenta. Actuamos un sexo, un género, una identidad. Si nos detenemos a pensarlo, esta propuesta da la vuelta a una idea que hemos considerado como una verdad: tenemos un género y de allí surgen nuestros actos, movimientos, posturas, gestos; es decir, el género es previo a nuestra forma de actuar. La teoría *queer* nos propone lo contrario: son nuestros actos, movimientos, gestos y posturas aprendidas y repetidas los que conforman nuestro género. No es un acto libre: "Antes bien, reproduce un guion sociocultural que estipula los roles o papeles a ser performados, entendidos estos como estilos corporales predefinidos" (Gros, 2015). Y esto no lo hacemos a solas, hay otros que actúan esos mismos roles y que son la audiencia que nos mira, nos acepta o excluye.

Como verás, esta idea, o esta serie de ideas, hace temblar buena parte de lo que creemos fijo en nuestro estar en el mundo. Pegan justo en el centro de una pregunta básica: ¿quiénes somos? O de otra forma: ¿esto que soy es la única posibilidad? ¿Hay alternativas? ¿Si mi género, mi identidad sexual, mi sexo son ficciones... puedo cuestionarlos, puedo cambiarlos, puedo reinventarlos?

La teoría *queer* nos dirá que sí. No sólo eso: nos dirá que es necesario hacerlo. Las normas, el discurso impuesto, niega la enorme plasticidad de los seres humanos, la increíble capacidad de reinventarnos. Hay muchísimas posibilidades al combinar de diferentes formas el cuerpo, la orientación, la identidad, los roles... La teoría *queer* nos invita a *desidentificarnos*. Detengámonos en esa palabra: *des-identificarse* viene de identificarse, de identidad; es decir, nos invita a cuestionar la construcción política de nuestra identidad no para inventar otra en donde de nuevo nos acomodemos, sino para salir de ese lugar fijo y terminado y, luego, de todos los lugares que intenten fijarnos. "Poner en cuestión la epistemología binaria y naturalizada afirmando frente a ella una multiplicidad irreductible de sexos, género y sexualidades" (Preciado, 2019: 307).

Pero ¿y entonces? ¿Qué somos? ¿Quiénes? De nuevo: un proceso, seres haciéndose, dinámicos, en continua transformación.

Como la vida, justo así.

Migajas en el camino

- Pongamos en duda lo que creemos fijo e inamovible. Al menos abramos un pequeño espacio para imaginar lo que no hemos imaginado hasta ahora. ¿Y si las cosas no son como creemos?

- Planteémonos la posibilidad de que el modelo binario: hombre-mujer, masculino-femenino, hetero-homo, sea sólo una construcción social, y no la verdad.
- Pensemos en la posibilidad de que lo que llamamos *anomalías* sean, en realidad, posibilidades.
- ¿Cuántas cosas que asumimos como naturales no son sino resultado de lo político y social? ¿Y si desarmamos esas ideas que creemos definitivas?
- Si mi género, mi identidad sexual, mi sexo son ficciones... puedo cuestionarlos, puedo cambiarlos, puedo reinventarlos. ¿Soy sólo de una forma o puedo elegir lo que deseo ser?
- Revisemos cuántas ideas de ese modelo binario replicamos y transmitimos sin cuestionarlas.
- Intentemos educar partiendo de la idea de que no hay características femeninas ni masculinas, sino sólo humanas.

Mensaje para Lía

Todo se mueve, hija, nada se está quieto. El mundo es un eterno baile que danza al ritmo de quién sabe qué extraña música. Cambia hasta aquello que creíamos más fijo. Y si el mundo baila nosotros bailamos con el mundo. Tontos seríamos si nos quedáramos sentados y quietos cuando el mundo nos extiende la mano o nos toma de la cintura invitándonos a danzar.

Antes se nos decía: eres esto, y había que acatar esa orden venida desde fuera, desde lejos y antes. Hoy se te hace una pregunta: ¿quién eres? ¿Quién deseas ser? Y la respuesta es sólo tuya. Puedes ajustarte a los moldes conocidos o puedes mandarlos a la mierda. Puedes inventarte y reinventarte. Puedes renacer. Puedes cambiar. Puedes equivocarte. Puedes rectificar. Hombre, mujer, masculino, femenina, homosexual, heterosexual, bisexual, silenciosa, gritona, pequeña, grande, piedra, flor, noche, día, agua, tierra, recta, espiral, prosa, poesía, sal, azúcar, blanco, negro, gris, rojo, azul, verde, amarillo, naranja, tornasol. Es tu elección, porque todo eso cabe en ti. Aquella hojita que con trabajos se aferra a la rama. El Universo.

LA BELLEZA DE LA FURIA
Breve capítulo aún más urgente

Muerde la manzana,
no dormirás.
Es sólo un cuento
que inventaron los enanos
para no perder su paraíso.
GUISELA LÓPEZ

Era viernes 16 de agosto de 2019. Grupos de mujeres marchaban para protestar contra la inseguridad y la violencia contra ellas y contra la inacción de las autoridades. Pocos días antes hubo otra protesta para exigir el esclarecimiento de denuncias contra algunos policías por violación. Esta vez iban de negro, con la cara cubierta, maquilladas con diamantina rosa, porque la diamantina se había convertido en símbolo. Había estudiantes, profesionistas, activistas, amas de casa. Se leyeron poemas y se cantaron consignas, se denunciaron experiencias de acoso y se leyó un pliego petitorio. Pidieron al gobierno de la Ciudad de México una disculpa pública por las violaciones que históricamente se han cometido contra los derechos de las mujeres. Poco después iniciaron los disturbios: un grupo comenzó a grafitear y destrozar la estación del metrobús Insurgentes y algunas de las paredes del edificio de la Secretaría de Seguridad Ciudadana. De camino al Ángel de la Independencia (monumento emblemático de la ciudad) otras mujeres entraron a una estación de policía rompiendo vidrios y provocando un incendio. Sobre las paredes se leía: "Policía violador" y "A mí no me cuida la policía, me cuidan mis amigas". También hubo pintas en el Ángel de la Independencia y en la Glorieta de los

Insurgentes. Al final la calle quedó llena de vidrios rotos, diamantina rosa y aires de rebelión.

La mayoría de los medios hablaron de los actos de violencia de las mujeres, pero muy pocos mencionaron las razones de las protestas o el pliego petitorio. Por supuesto, las buenas conciencias del país se escandalizaron de lo sucedido: "¿Cómo es posible? ¿A dónde hemos llegado? No se justifica responder a la violencia con violencia. Al hacer esas pintas en monumentos históricos demostraron su falta de cultura. Ésas no son formas…", y un larguísimo etcétera.

Pero estas protestas no son exclusivas de México. Otras marchas multitudinarias se han dado en España, en Estados Unidos, en Argentina, en Sudán, en India y en otros países. También surgió a nivel global el movimiento #MeToo, en el cual miles de mujeres denunciaron a través de las redes los abusos psicológicos y sexuales a los que habían sido sometidas y que quedaron impunes. Este movimiento alcanzó y removió diferentes espacios de la academia, del arte, de la cultura, del periodismo, de la política, de la música, de la medicina, etcétera.

En este siglo XXI, en este nuevo mundo, el enojo y la protesta de las mujeres empieza a ser un signo de los tiempos. Me parece que antes de hacer juicios fáciles habría que preguntarse: ¿por qué? ¿Por qué la indignación de las mujeres ha llegado a este límite? ¿Cuáles son las raíces de esta indignación? Y también: ¿cómo es que permanezco como espectador sin indignarme también? ¿Qué tanto me he/han anestesiado? ¿Cuándo puse llave o alcé una barrera o me blindé el alma para no ser de verdad tocado? ¿Cuándo elegí mirar todo lo que pasa ante mí sin que *me* pase nada? ¿Cuándo aprendí a ponerme a salvo?

En palabras de Marina Garcés, "el mundo, convertido en imagen, deja de ser lo que hay entre nosotros, aquello que hacemos y transformamos juntos, para convertirse en algo que se nos ofrece sólo para ser mirado y acatado" (Garcés, 2013: 100). Me parece necesario no olvidar esa última palabra: acatado, es decir, obedecido.

¿Lo pensamos juntos? Hagámoslo. Comprenderás que en este capítulo tendré que dar la voz a las mujeres.

En aquel mundo, el que dejamos, sin duda había abusos, inequidad, injusticia contra las mujeres. Pero cada una de esas experiencias fue sistemáticamente normalizada, es decir, dejamos de verlas como violencia y las justificamos asumiendo que las cosas eran así. No es fácil salir de un lugar si no sabes que hay otro lugar posible. Si día a día vives en una situación de desventaja, si lo que te rodea es lo mismo siempre, quizá acabas creyendo que es la única situación.

> […] no pensar siquiera en las atroces injusticias que salpican nuestras interacciones cotidianas con los hombres: dobles raseros, desprecio intelectual, cosificación, acoso sexual, brecha salarial, diferencia de expectativas y cargas en la esfera doméstica, una representación no igualitaria, la banalidad del ninguneo diario. A veces es mucho más fácil no ponerse a pensar en esas cosas, y, por descontado, no ponerse a luchar contra ellas. (Traister, 2019: 20)

Normalizar la violencia cotidiana. He aquí una estrategia del poder para silenciar lo que sucede. Hacernos sentir que es parte de la vida, asumir que así son las cosas, aceptar las reglas del juego, suspirar con tristeza ante lo que vemos y sufrimos, creernos impotentes. El juego es claro: hay seres humanos de primera y de segunda clase. Hay seres humanos que mandan y otros que obedecen. Hay seres humanos con más privilegios que otros. Hay seres humanos que son poseedores y otros que son poseídos. Hay seres humanos que detentan el poder y otros que lo aceptan. Los primeros son hombres, las segundas mujeres. Así ha sido, así debe ser, así será. "Nunca iguales, nuestros cuerpos de mujer. Nunca seguras, nunca como ellos. Somos el sexo del miedo, de la humillación, el sexo extranjero" (Despentes, 2018: 41).

No falta quien diga que eso era antes, que eso le pasaba a nuestras abuelas y a nuestras madres, que los tiempos cambiaron y ahora todo es diferente: las mujeres —me dicen muchas veces— estudian, trabajan, dejan la cocina y el hogar y van al mundo, viajan, ganan dinero, incluso en algunos casos gobiernan.

Tal vez es cierto que algunas cosas cambiaron. Pero no las suficientes. No tanto como para que las oportunidades y las relaciones sean equitativas. No tanto como para que las mujeres puedan salir al mundo sin ser insultadas, acosadas, lastimadas. ¿Es que no vemos eso? Las mujeres que conozco, con las que convivo cotidianamente, viven con miedo. Se enfrentan a miradas, tocamientos, insultos, todos los días y en casi cualquier lugar. No sólo eso: cada vez más temen que las secuestren, que las violen y que las asesinen. Porque eso está pasando. Temen caminar por la calle, temen subir al transporte público, temen abordar un taxi, temen salir de noche. ¿Cómo se puede vivir de ese modo? ¿Cómo puede explicarse algo así?

No es que de pronto haya muchos delincuentes sueltos. Es un problema social, una construcción que mantiene y refuerza la idea de que las mujeres son propiedad de los hombres y los niños propiedad de los adultos. Si asumo que el otro es de mi propiedad lo rebajo al nivel de un objeto; algo, no alguien, que vale menos que yo, que puedo comprar, intercambiar, usar, desechar, tocar, guardar, aniquilar.

¿Cómo es vivir en un país, en un mundo donde "cualquier idiota con la cara roja por el alcohol, calvo, con barriga y un look de mierda podrá permitirse hacer comentarios sobre la apariencia física de las chicas, comentarios desagradables si no las encuentra suficientemente arregladas u observaciones asquerosas si le da rabia no podérselas tirar"? (Despentes, 2018: 148). Y porque, además, en muchas ocasiones a las mujeres se les ha enseñado a sentirse culpables y responsables por la violencia que reciben: "Ella salió muy tarde", "Ella bebió demasiado", "Ella iba con esa ropa", "Ella tiene malas compañías".

En este mundo nuevo la violencia hacia las mujeres ha crecido, tanto que hemos tenido que crear una palabra que no existía: feminicidio.

Pero algo más ocurre en este mundo nuevo: la indignación de las mujeres las ha llevado a decir *basta*, a salir a las calles, a tomarlas, a gritar por sus derechos, enfrentando antiguos mandatos que les impedían hacer tal cosa porque una mujer podía llorar pero no enfurecerse, y si lo hacía su enojo era censurado o ridiculizado. Siempre hay algún adjetivo ofensivo para aplicar a la mujer que muestra su ira. "La mujer furiosa es —se nos ha dicho siempre de un sinfín de maneras distintas, sutiles o directas— una perversión de la naturaleza y de nuestras normas sociales. Es fea, se deja llevar por sus emociones, pierde el control, está enferma, es infeliz, resulta desagradable estar a su lado, no es persuasiva, es irracional, loca, infantil. Y sobre todo, no hay que escuchar lo que dice", dice Traister (2019, cap. 5: 13-14), y dice Virginie Despentes: "Un principio político ancestral, implacable, enseña a las mujeres a no defenderse" (Despentes, 2018: 54).

Hoy, en este mundo nuevo, miles de mujeres en todo el mundo retan esas prohibiciones, esos juicios, y se permiten el enojo, el hartazgo, la indignación. Y alzan la voz, y protestan, y cantan, y hacen ruido, y cimbran el orden establecido.

¿De verdad hemos de pedirles que lo hagan suavemente, que no nos incomoden, que sean mesuradas? ¿No es lo que les hemos impuesto siempre? "No hablar demasiado alto. No expresarse en un tono demasiado categórico. No sentarse con las piernas abiertas. No expresarse en un tono autoritario. No hablar de dinero. No querer tomar el poder. No querer ocupar un puesto de autoridad. No buscar el prestigio. No reírse demasiado fuerte. No ser demasiado graciosa" (Despentes, 2018: 148).

Muchos se escandalizan por las formas que toma la protesta, sin atender a las causas que llevaron a esa situación. ¿Es que alguien escucharía a las mujeres si no gritan y nos incomodan y nos despiertan? No lo creo. Lo que se han encontrado una y otra vez es el menosprecio y la indiferencia de quienes no desean poner en duda sus privilegios. ¿O estamos dispuestos a cuestionarlos? ¿A asumir que la mitad del mundo no está allí para obedecerme, gustarme, hacerme la vida cómoda, cuidar a mis hijos, hacer el silencioso trabajo que me permita a mí ir al mundo para sentirme exitoso? "Pedirle a un sistema construido con el propósito expreso de oprimir (ejem, ¿le importaría dejar de oprimirme?) es una ridiculez. Lo único que cabe hacer es desmantelarlo por completo y reemplazarlo" (Crispin, 2017: 12-13).

Enojo, ira, rabia, furia son emociones que históricamente se nos han permitido a los hombres. A veces incluso se nos ha educado para que sean las únicas emociones a las que tenemos acceso. Y lo aprendemos: nos enojamos en lugar de estar tristes, nos enojamos en lugar de sentir miedo, nos enojamos para no sentirnos frágiles. A las mujeres, en cambio, estas emociones se les han prohibido. Hoy surgen, se expresan, explotan. ¿Nos perturba? Claro que sí. Porque nos cuestiona, porque ponen límites, porque nos dicen que no están dispuestas a que las cosas sigan de la misma manera. Se encuentran unas con otras, se escuchan, y desde ese mirarse surge un enojo que es fértil porque nace de la injusticia.

Me conmueven las palabras de la filósofa Myisha Cherry:

> Éstas son algunas de las características de la ira ante la injusticia: reconoce lo que se está haciendo mal, y este reconocimiento no es erróneo; la persona que la siente no es ilusa, las cosas que percibe no son idea suya. No es un sentimiento egoísta: cuando alguien se enfada porque ve injusticias no está preocupado sólo por sí mismo, sino también por los demás. Es una ira que no viola los derechos de otros, y lo más importante, persigue el cambio. (Traister, 2019: 22)

¿Hacia dónde elegimos ver? ¿Qué hace falta cambiar? No se trata de que las mujeres modifiquen su conducta, sino de transformar un sistema que genera violencia todo el tiempo y de muchas formas. "Lo que caracteriza a la posición de los hombres en nuestras sociedades tecnopatriarcales y heterocentradas es que la soberanía masculina está definida por el uso legítimo de las técnicas de violencia/contra las mujeres, contra los niños, contra otros hombres no blancos, contra los animales, contra el planeta en su conjunto" (Preciado, 2019: 305). No se trata entonces de que las mujeres tengan derecho a intervenir más en el sistema tal y como es, sino que sean capaces de cuestionarlo, removerlo, transformarlo.

En el enfoque Gestalt, que es el que yo practico, atendemos de modo especial a la belleza de las formas. No se trata aquí de lo bonito, de lo que se mira fácilmente y hace sonreír y luego se olvida. Cuando hablamos de belleza nos referimos a aquello que es auténtico y vivo, a lo que

LA BELLEZA DE LA FURIA

surge con intensidad y verdad, aun cuando sea doloroso o perturbador. La rebelión puede ser bella, como me recuerda Jean-Marie Delacroix al evocar palabras de Adorno: "La obra verdadera es una protesta en contra de la realidad en la que se afirma la dominación, una protesta capaz de transformar la agresión en transgresión. Lo bello vendría entonces de la transformación de la sumisión en transgresión, en liberación" (Delacroix, 2010: 26).

Quizá por eso, al ver en mi ciudad que las mujeres salían a la calle y gritaban, grafiteaban, tocaban tambores, maldecían y mostraban su furia sin avergonzarse, esa furia detenida desde hacía mucho tiempo, esa rabia contra la opresión y la violencia, sólo podía pensar que aquello era una de las formas de la belleza.

Migajas en el camino

- Antes de criticar los movimientos femeninos (aun los radicales) quizá es necesario pensar en las razones que llevaron a crear esos movimientos. ¿Qué piden? ¿Por qué lo piden? ¿Podemos empatizar con el dolor y miedo que sufren las mujeres día a día?
- Reflexionemos en cuántas formas de violencia cotidiana han sido normalizadas, de modo que ya no las percibimos o no nos duelen.
- Preguntémonos qué formas de violencia repetimos y replicamos en la familia, la escuela y las demás relaciones. Preguntémonos qué podemos hacer para evitarlas.
- Comprometámonos en la creación de relaciones familiares, laborales y sociales más justas y equitativas.
- Atendamos a la inequidad y violencia que las mujeres viven cada día: evaluaciones distintas, desprecio intelectual, cosificación, acoso sexual, brecha salarial, diferencia de expectativas y cargas en la esfera doméstica, una representación no igualitaria, el ninguneo diario.

- Pensemos en la violencia no como un hecho individual y aislado, sino como una construcción social, un sistema en el que todos participamos.
- Pensemos en cuánta de esta violencia no alcanza sólo a las mujeres, sino también a los niños y niñas, los animales, la naturaleza, al planeta.
- No se trata entonces de que las mujeres tengan derecho a intervenir más en el sistema tal y como es, sino que sean capaces de cuestionarlo, removerlo, transformarlo.
- Validemos el enojo, la ira, la furia, como emociones de hombres y mujeres, que a veces nos ayudan a buscar la justicia; es decir, que no sólo destruyen sino que son capaces de crear formas nuevas y mejores.
- Permitamos el enojo en nuestros hijos y alumnos.
- Mantengamos y promovamos la capacidad de indignación activa ante cualquier forma de injusticia.

Mensaje para Lía

Yo no soy bueno para enojarme, como bien sabes. Tu madre tampoco lo es. Pobre enseñanza te hemos dejado en este sentido. Al mirarte me doy cuenta de que en muchos sentidos has aprendido esta forma nuestra de aplacar el enojo. Lo siento. Supongo que entonces tendrás que aprenderlo de otra forma. Porque a veces hace falta, a veces es necesario, a veces es justo. Llegas a un mundo violento de muchas formas, y especialmente violento con las mujeres. Por el simple hecho de ser mujer te mirarán como objeto, te insultarán en la calle, te tratarán con condescendencia, intentarán agredirte.

Quisiera estar allí para defenderte, pero bien sé que eso no es posible. Tendrás que defenderte tú misma. Pero eso no es suficiente. Lo que es urgente es destruir este sistema (el patriarcado, se llama) que ha creado esta violencia cotidiana. Pero eso no es fácil: ese tipo de poder se arrebata. No va a desaparecer sólo porque se lo pidamos. Hará falta una rebelión, una lucha desde muchos frentes, hará falta inteligencia, audacia, hambre de justicia, indignación y un profundo amor por los y las demás: por los y las que están aquí, por los y las que vienen.

Si hace falta (y creo que así será) olvídate de los buenos modales. Si hay que gritar, grita. Si hay que ensuciarse, ensúciate. No estás sola: miles de mujeres y también muchos hombres están dispuestos a hacer que las cosas cambien, yo entre ellos. Haz acopio de toda tu ternura, y haz nacer la belleza de tu furia.

LA SEXUALIDAD HERIDA

> *La herida es la apertura*
> *por donde entra el otro.*
> Byung-Chul Han

En este mundo nuevo muchas voces se alzan, escandalizadas por los derroteros que toma la sexualidad. "Los jóvenes están cada vez peor", dicen; "no hay límites, ¿a dónde iremos a parar?", dicen. Cada uno de los temas que hemos tratado es motivo de preocupación o censura: "Las personas ya sólo se relacionan con máquinas, creen que todo se resuelve apretando botones". "La pornografía está en cada rincón y se ha vuelto portátil". "Ya no se tiene respeto por el matrimonio, las relaciones se hacen para terminar". "Ahora parece que está de moda ser gay o andar probando opciones como si se tratara de disfraces". "Las mujeres salen a la calle a protestar como si fueran hombres". Tú puedes agregar aquí cualquier otra de estas frases que aseguran que las cosas están peor cada vez y que la sexualidad se ha denigrado. Seguro las has escuchado. Quizá las has dicho.

Es cierto que la sexualidad hoy se enfrenta a situaciones nuevas y complejas, que se transforma con una velocidad que a veces nos supera. Es cierto que algunos discursos y moldes conocidos empiezan a resquebrajarse y por momentos parece que no hemos encontrado algo que los sustituya. Nos quejamos del pasado, pero nos asusta el futuro porque no podemos vislumbrar lo que viene.

No quiero decir que estos cambios y estas nuevas formas no me inquieten. También me enfrento a la incertidumbre. También tengo miedo. Pero creo sinceramente que estas transformaciones son eso: transformaciones, y que algo nuevo nacerá de ellas. O en otras palabras, no creo que la tecnología, el porno, las nuevas formas de vínculo, el cuestionamiento de la identidad, la furia de las mujeres sean el problema. Me parece que las verdaderas heridas de la sexualidad están en otro lugar, más profundo, y que de algún modo toca y afecta a todo lo anterior. Y creo que el verdadero trabajo educativo está allí si queremos que nuestra sexualidad siga siendo humana a pesar de los cambios que vengan.

Desde mi punto de vista, la herida en la sexualidad actual está en dos lugares que creo que en algún punto se unen: por un lado, la banalización de la sexualidad, su superficialidad, su dolorosa falta de pasión, su triste falta de hondura. El segundo lugar en donde veo la herida en la sexualidad actual es, quizá, más grave: me refiero a la gradual desaparición del otro.

Empezaré por el primero. Cuando hablo de una sexualidad superficial y sin pasión me refiero a una sexualidad sin peso, una sexualidad que reúne las características que Byun-Chul Han (2015) considera que son las de nuestra cultura y que responden a una forma particular de estética: la estética de lo pulido, de lo liso, de lo fácil; una estética en la que se evita toda aspereza, toda resquebrajadura, todo misterio y toda oscuridad. La estética del iPhone y de la depilación. ¿Recuerdas lo que dijimos capítulos atrás sobre las características de las aplicaciones tecnológicas y cómo no eran sino un reflejo de nuestro mundo y nuestra sexualidad? Te las recuerdo: deben ser divertidas, como un juego; simples, evitando cualquier complejidad; inmediatas, para que no haya que esperar, y que nos hagan creer que podemos obtenerlo todo, sin medida. ¿No es así la sexualidad en este mundo nuevo? Por supuesto que eso la hace ligera, o al menos da la sensación de ligereza. Lo ligero puede moverse fácilmente, vuela y no deja huella o deja una huella muy tenue y fácil de borrar. ¿Está mal que la sexualidad sea ligera, inmediata, sólo un juego? No lo creo. Me parece que también puede tener ese lado y que a veces es hermosa así. Lo que me parece grave es que el otro lado desaparezca, ése que hace que la sexualidad también sea tan honda que no vemos su fondo, tan profunda que nos hace descubrir cosas desconocidas, tan apasionada que nos saca de nosotros mismos, nos abre y nos transforma. Yo quiero las dos caras de la sexualidad, o las tres, o las cinco, o las cien. Quiero que siga dejándome huellas imborrables, que sea poderosa, que a veces me sumerja en lo desconocido. En otras palabras, quiero que la sexualidad siga siendo un acontecimiento, es decir, eso que nos pasa y nos sacude, nos perturba, nos pone en duda y nos transforma. Si la sexualidad se convierte en un modo de acumular o coleccionar experiencias, si es sólo un juego sin consecuencias, parecida a sentarse a ver series, algo que se hace porque no hay otra cosa que hacer, me parece que habremos perdido su poder creador.

Hace apenas unos meses se hicieron virales dos noticias en las redes, en el fondo bastante parecidas: la primera trataba de una técnica (de Kivin) para hacer sexo oral a una mujer. La técnica garantizaba que ella alcanzaría el orgasmo en menos de tres minutos. La segunda noticia era la del supuesto éxito de un nuevo juguete sexual, un succionador de clítoris, que es capaz de provocar un orgasmo en menos de tres minutos. En ambas noticias se hacía énfasis en el tiempo: ¡en menos de tres minutos! Suena atractivo, ¿no es cierto? ¡Cuánta efectividad!, pero enseguida me pregunto: ¿cuál es la prisa? Creo que ambas noticias permiten ver algo de la sexualidad que vivimos en este principio de siglo XXI: apresurada, atenta al fin y al objetivo, sin posibilidad de pausa y de disfrutar el proceso, el camino. Y es que, claro, si todo termina en tres minutos quedará tiempo para... ¿qué? Para seguir produciendo, para seguir trabajando, para seguir consumiendo. ¿Qué tipo de encuentro podemos cocrear en tres minutos? Apenas la superficie, lejos de la intimidad. ¿No será que tenemos tanta prisa justo para evitar encontrarnos de verdad?

Creo, como Han, que Eros, el verdadero encuentro con el otro —y el encuentro sexual, por supuesto—, siempre requiere negatividad, pues para hacer espacio al otro hace falta morir, en parte, para nosotros mismos. La sexualidad hoy elimina la negatividad de la incertidumbre, de la complejidad, del riesgo del encuentro, y con ello elimina la pasión. El amor hoy, dice Han, "No es una acción ni una narración, ni ningún drama, sino una emoción y una excitación sin consecuencias. Está libre de la negatividad de la herida, del asalto o de la caída" (Han, 2014: 25). Queremos tener sexo sin que nos pase nada, y a veces, tristemente, lo conseguimos: *nada nos pasó*. Evitamos lo que nos vulnere. Implicarse de verdad supone ser vulnerados. Faltan encuentros sexuales que nos hagan conscientes de nuestra vulnerabilidad, de nuestra finitud, que nos conmocionen, nos sacudan, nos pongan fuera de nosotros mismos. La pasión sexual requiere de sombras, de opacidad, de contemplación, de pausa, de misterio. Nada de eso está en la inmediatez, sin profundidad, de lo bonito y lo fácil.

A falta de pasión, de hondura, buscamos técnicas, juegos, juguetes, experiencias intensas que se quedan en la superficie. En el fondo nos aburrimos y para evitar el aburrimiento inventamos experiencias variadas que nos hagan sentir vivos y erotizados. Pasión viene de *padecer*, lo contrario a acción. Cuando la sexualidad se limita a hacer, a desempeñar, a actuar de una u otra forma, dejamos de lado una parte importante: padecer, recibir, ser hechos, ser movidos, ser tomados.

Me parece que el camino no está (sólo) en la intensidad, sino en la profundidad. Coincido con Rollo May (1990) cuando dice que quizá somos la generación que más habla de sexo, que más lo persigue, que más se obsesiona con él; que estamos saturados de sexo y, sin embargo, estamos profundamente insatisfechos sexualmente. El exceso sólo hace evidente nuestra carencia. Pretendemos saberlo todo y en ese afán perdemos de vista que lo que puede atraernos una y otra vez es lo que no sabemos. A pesar de eso, dirá Comte-Sponville "[...] el secreto permanece casi enteramente guardado, y resiste a cualquier exhibición que se haga del mismo, como si en la sexualidad existiera algo que no se puede develar del todo" (2012: 115).

Ésta es, creo, la primera herida: hemos separado el sexo de la pasión, lo hemos alejado de Eros.

Hablo ahora de la segunda herida, la que me parece quizá más grave: la desaparición del otro.

Nuestra existencia, dice Marina Garcés (2013: 15), ha sido privatizada salvajemente. Vivimos un mundo sin dimensión común, donde el otro se erosiona hasta casi desaparecer. Y de un modo semejante lo dice Byung-Chul Han: "Los tiempos en los que existía el otro se han ido. El otro como misterio, el otro como seducción, el otro como deseo, el otro como infierno, el otro como dolor va desapareciendo. Hoy, la negatividad del otro deja paso a la positividad de lo igual" (Han, 2017: 1).

¿Por qué habla de la negatividad del otro y la positividad de lo igual? Porque la presencia del otro me enfrenta a mis límites, a mi miedo, a mi resistencia por salir de mí mismo. El otro siempre me cuestiona con su mera existencia, me enfrenta al hecho de que hay otras formas de vivir, de pensar, de sentir además de la mía. El otro me saca del centro. Ante eso, cada vez más, tomamos distancia, elegimos no mirar al otro para seguir en la comodidad del propio reflejo. Nos vemos a nosotros mismos y a nadie más; el mundo, la realidad, los otros se han convertido en superficies que reflejan nuestra imagen, infinitamente, hasta el hartazgo. Absortos en nuestra mismidad, sólo nos deseamos a nosotros mismos. "La mismidad no quiere otros espejos que no sean el suyo", dice Asun Pié Balaguer (2014: 123), y, así, convertimos el entorno en un espejo. Como Han, pienso que la atracción global por las *selfies* es un síntoma curioso de nuestra época: dirigimos la cámara fotográfica hacia nosotros mismos, ignorando que a nuestro alrededor sucede la vida. Nuestro rostro, en primer plano, eclipsa el mundo. "Las *selfies* son superficies lisas y satinadas que ocultan por breve tiempo el yo vacío" (Han, 2017: 34). Y no sólo nos vemos una y otra vez a nosotros mismos, también queremos que los demás nos vean. Llenamos el mundo de las redes sociales de autorreferencias: en qué lugar estamos, qué estamos leyendo, cuál es nuestra situación de pareja, qué estamos comiendo, qué pienso, qué opino, qué digo, qué odio. "Hoy competimos despiadadamente por la atención. Somos, los unos para los otros, escaparates que pugnan por captar la atención" (Han, 2017: 82).

De tanto vernos a nosotros mismos ha desaparecido el otro. Y sin el otro no hay Eros ni vínculo, pues Eros es salida de nosotros mismos, Eros siempre se dirige al otro.

Cambiamos el encuentro real con el otro por sucedáneos que acaban siendo inofensivos, que nos hacen fantasear con que estamos en contacto cuando en realidad estamos a salvo del encuentro. Con mucha frecuencia las redes sociales son eso: cientos de amigos y seguidores, miles de *likes*, emoticones que intentan expresar algo, apoyar causas desde la comodidad de un sillón, sin que nada de eso nos comprometa o nos enfrente a la diferencia. "La interconexión digital total y la comunicación total no facilitan el encuentro con otros. Más bien sirven para encontrar personas iguales y que piensan igual [...] Nos enredan en el inacabable bucle del yo y, en último término, nos llevan a una *autopropaganda* que nos adoctrina con nuestras propias nociones" (Han, 2017: 4).

En este espacio de espejos encontrados, de nuestra mismidad llenándolo todo, "todo es aplanado para convertirse en objeto de consumo. La libido se invierte sobre todo en la propia subjetividad. Vivimos en una sociedad que se hace cada vez más narcisista [...] el sujeto narcisista no puede fijar claramente sus límites. El mundo se le presenta sólo como proyección de sí mismo [...] Deambula como una sombra de sí mismo hasta que se ahoga en sí mismo" (Han, 2014: 11). ¿Qué queda de nuestras relaciones? Si sólo me miro a mí, ¿qué tipo de vínculo puedo construir? ¿Dónde quedan el amor, la amistad, la solidaridad, la compasión, la sexualidad, en un mundo así?

"¿En qué consiste el amor sino en entender y alegrarse de que haya otro que viva, actúe y sienta de forma distinta e incluso opuesta a como lo hacemos nosotros?", dice Nietzsche en *Humano, demasiado humano*.

"También Alain Badiou designa el amor 'escenario de dos'. El amor hace posible volver a crear el mundo desde la perspectiva del otro y abandonar lo habituado. Es un acontecimiento que hace que inicie algo totalmente distinto. Hoy, por el contrario, habitamos el *escenario del uno*" (Han, 2017: 89).

La sexualidad, en especial el erotismo, es salida de nosotros mismos para encontrarnos con otro. Es respuesta o llamado. Es relacional. Surge por la presencia del otro, y cada otro la hace emerger de modo distinto. Por un tiempo dejo de ser sólo yo y tengo la posibilidad de desvanecer mis límites, fundirme, casi desaparecer en ese otro que me recibe y también viene a mi encuentro. Partimos de nosotros para luego ir hacia el otro, pero ese otro nos revela, nos dice quiénes somos en realidad. Sólo yendo hacia el otro es que llego a mí y me amplío.

Pero si ese otro no está, si no soy capaz ya de verlo, la sexualidad y el erotismo se convierten en un artificio, intercambio de fluidos, gestos y movimientos, algo de placer. Sin el otro, el erotismo se convierte en mercancía, hastío, pornografía.

"El erotismo como fin en sí mismo hoy es emblema de la incapacidad de sentir emoción por el otro —dice Margherita Spagnuolo—. [...] Se trata de una ansiedad de la sexualidad/corporeidad en la que el orgasmo, como sensación fuerte, es la finalidad del sexo, no la satisfacción de sentir profundamente al otro" (Spagnuolo, 2016: 31).

Quizá estas dos heridas sean una sola. Es posible que nuestra sexualidad haya perdido pasión, profundidad y misterio justo porque el otro ha desaparecido o nos hemos vuelto incapaces de alcanzarlo y de dejarnos alcanzar. Quiero aclarar que en ningún momento censuro el ejercicio de una sexualidad casual, lúdica, exploratoria. Creo que es posible vivir experiencias sexuales más o menos casuales y que en estas experiencias esté presente el otro.

Hablaré por mí. En diferentes momentos de mi vida he tenido experiencias sexuales casuales, algunas con personas a quienes no volví a ver. Algunas de esas experiencias me hicieron sentir vacío, triste, hastiado; pero otras fueron ricas, hermosas y nutritivas. ¿Cuál fue la diferencia? Asumo que esta respuesta es sólo mía, pero creo que en ella hay un descubrimiento. Las experiencias fueron ricas cuando el otro estuvo presente, cuando lo vi y fui visto, cuando no olvidé que ante mí había una persona y la traté y fui tratado como tal. El vacío ocurrió cuando hice del otro un objeto desechable y cuando permití que me trataran igual. La diferencia, hasta donde alcanzo a ver, fue la presencia del otro ante mí.

Me impacta leer las palabras de Byung-Chul Han en *La agonía de Eros* (2014), cuando afirma que en la actualidad, en este mundo de posibilidades ilimitadas, ya no es posible el amor ni el vínculo. Eros ha dejado de ser posible porque el otro ha desaparecido.

Las consecuencias están a la vista: sin el otro no hay Eros y sin Eros se apaga la vitalidad, la curiosidad, la intensidad de la vida. Es por eso que uno de los padecimientos más constantes en este mundo nuevo es la depresión. Sin el otro, nos autodestruimos. La depresión no es tristeza ni dolor, pues estos son señales de vida, sino el aburrimiento, la indiferencia, el vacío. "El Eros es lo único que está en condiciones de liberar al yo de la depresión, de quedarse enredado en sí mismo de manera narcisista. Viéndolo así, el otro es la fórmula redentora. El eros que me arranca de mí mismo y me embelesa con el otro llevándome a él" (Han, 2017: 88).

Es por eso que necesitamos la presencia de Eros, es por eso que necesitamos que lo distinto, lo novedoso, lo provocador del otro nos salve. O como dice Ernesto Sabato: "Es el otro el que siempre nos salva. Y si hemos llegado a la edad que tenemos es porque otros nos han ido salvando la vida, incesantemente".

HACIA UNA EDUCACIÓN DE LA SEXUALIDAD ÉTICA

Lo siguiente no será un manual didáctico para el trabajo educativo con la sexualidad. No escribiré acerca de metodologías modernas o novedosas ni sobre técnicas recientes. Tampoco me referiré a un temario básico o a lo que deba enseñarse según las edades de quienes aprenden. No compartiré ejercicios de trabajo ni material pedagógico relacionado con el tema. Entonces, ¿de qué diablos escribiré?

Quiero invitarte a reflexionar de aquello que está antes de las metodologías y técnicas, antes de los temarios y ejercicios. Reflexionar sobre una actitud, un modo de mirar, una forma de conversar con el otro, con quien aprende. En resumen, quiero reflexionar sobre una postura ética que me parece podría ser el sustento de la educación de la sexualidad si queremos que sea una educación liberadora y capaz de afirmar lo humano en lugar de una fabricación de lo mismo.
¿Vienes?

LA EDUCACIÓN ES UN ACONTECIMIENTO ÉTICO

El amor es una apuesta
insensata por la libertad.
No la mía, la ajena.

Octavio Paz

Soy consciente de que escribir *educación ética* de algún modo es redundante. No hay educación que no sea una práctica ética, y si no es ética tampoco es educación; podrá ser cualquier otra cosa: domesticación, fabricación, adoctrinamiento, pero no educación. Me parece central no confundir ética con moralismo. Con mucha frecuencia se imparte una educación sexual moralista que no es otra cosa que la imposición de normas fijas, incuestionables, que se repiten una y otra vez. Este moralismo sexual está plagado de palabras como: *bueno, malo, adecuado, inadecuado, pecado, castigo, transgresión, normal, anormal, desviación.* Yo sé de esa educación sexual porque la recibí en la escuela en la que estudié durante al menos doce años. El resultado de esa pseudoeducación sexual fue un conjunto de verdades a medias, alguna información falsa y, sobre todo, muchísima culpa. Lo repito: se trata de hacer realidad una educación sexual ética.

La ética no es la obediencia ciega a un conjunto de mandatos ajenos a nosotros, sino respuesta al otro, al llamado del otro, a la existencia del otro. Hay ética porque hay otro. "Una ética se funda en el instante en que somos capaces de salirnos de nosotros mismos y abrirnos, como sostiene Levinas, al rostro del otro, a su presencia conmovedora", nos recuerda Carlos Skliar (Skliar, 2008: 92). Educar siempre implica a un otro, a una otra.

Quizá el problema comienza porque la misma idea de educación se ha empobrecido y entonces la educación de la sexualidad también se empobrece. De pronto, la experiencia de educar se llena de tecnicismos, de expectativas, de intentos por controlar, estandarizar y etiquetar la experiencia. Cada vez más, se le llama *educación* al proceso de formar empresarios, mano de obra y consumidores que hagan funcionar la máquina del sistema. Cada vez más se le llama *educación sexual* al aprendizaje de ciertas técnicas para evitar embarazos no deseados e infecciones. Buscamos eficiencia, efectividad, objetivos mesurables para cumplir con ciertas metas; en el peor de los casos se busca reprimir y controlar; de tanto perseguir objetivos dejamos de mirar al otro, a la otra. Pero ¿eso es educar? ¿No olvidamos lo importante? ¿No debería ser la educación una experiencia en la que aprendemos a pensar, a encontrarnos con los demás, a vivir? ¿No debería ser la educación sexual un modo de aprender sobre nuestros cuerpos, nuestras relaciones, nuestros afectos, nuestro placer, nuestro disfrute, nuestra capacidad de amar? ¿No ocurre que en la educación está cada vez más presente la tecnología y menos el vínculo? Si la educación surge de un especial modo de relación, ¿podemos crear esa relación viva con los ojos y el alma puestos en una pantalla o en objetivos que deben alcanzarse? ¿No será por eso que a veces los alumnos, los hijos, no nos escuchan?

> Alguien parece pretender convencer, alguien se niega a ser convencido; y esa tensión pasa, por lo general, por una dificultad para encontrar las palabras vivas y oportunas que nos guíen en cada momento para que se produzca el acontecimiento de la aceptación. Es más, creo que esas palabras necesitan, para nacer, de un espacio anterior y simultáneo a la vez, que las acoja. Y ése es el espacio de la relación, un espacio en el que la experiencia de la relación se produzca, y, por lo tanto, un espacio que necesita tiempo. (Pérez de Lara, 2002: 115)

Educar éticamente es el oficio de instituir la vida entre los seres humanos, ni más ni menos, pero, como dice Carlos Skliar, con mucha frecuencia la escuela está más preocupada por el mundo que por la vida.

Pero ¿es que vida y mundo no van juntos siempre? Ya no. El mundo es cada vez más un lugar de competencia feroz, de persecución compulsiva del éxito, de compraventa de todo, de prisa constante, de ejercicio del poder, de hacer del otro una mercancía. "¿Someterse a la lógica implacable y venenosa de este mundo supondrá acaso una vida buena? ¿O será lo contrario? Habrá que cuidarse del mundo para, quizá, poder vivir nuestras vidas" (Skliar, 2018: 155).

Si la educación es una experiencia ética entonces es lo contrario a lo impersonal, lo controlado, lo mesurable, lo que pretende estandarizar y convertir a cada alumno en un modelo idéntico. La verdadera educación, y eso incluye la educación de la sexualidad, es un viaje, pero no uno de ésos en los que cada minuto está planeado, siguiendo a un guía que repite una y otra vez el mismo discurso ante un monumento y luego nos apresura para subir al autobús que nos llevará puntualmente a otro destino, donde nuevamente todo está planeado. Hablo de otro tipo de viaje, uno en el que se sabe de dónde se parte pero no a dónde se llegará, uno en que es posible perderse, en el que podemos detenernos a contemplar algo que nos maravilla, un viaje que tiene mucho de incierto, uno en el que la búsqueda, las preguntas y el proceso son más importantes que la meta. La educación que pretende controlarlo todo, que cree saber lo que es bueno para todos acaba teniendo un sospechoso tufo a totalitarismo.

Me parece que, con mucha frecuencia, la educación de la sexualidad intenta evitar la incertidumbre incluyéndose en el discurso de la biomedicalización, en el discurso de la moralización o aferrándose a la tecnología.

El discurso de la biomedicalización parte de lo científico, y eso le da credibilidad. La biología dice que somos de cierta manera, que funcionamos de cierta forma, que hay ciertos riesgos y modos efectivos de evitarlo. Enseña lo anatómico y lo fisiológico, pone especial interés en las infecciones y en los embarazos no deseados, y ofrece alternativas para evitarlos. Por supuesto, este conocimiento es importante, pero no suficiente. El problema ha sido y sigue siendo en muchos casos que la educación de la sexualidad se reduce a estos temas, se despolitiza, deja de lado aspectos fundamentales de la sexualidad humana como lo sociocultural y lo erótico, por mencionar sólo dos. Y desde esa mirada termina por separar las experiencias en sanas o enfermas, normales o anormales, creyéndose definitivo.

El discurso de la moralización parte de una mirada normativa centrada en el deber ser más que en la realidad. De tanto perseguir el ideal se aleja de la vida cotidiana. "Los jóvenes no deben iniciar su vida sexual tan pronto". "Las relaciones deben ser más comprometidas". "Las adolescentes no deben embarazarse". "No debemos ver pornografía". Desafortunadamente, las cosas en la vida real no suceden como deberían. Sobre todo, este discurso parte de la certeza de tener la verdad y que esa verdad es la misma para todos. La mayoría de las veces esta certeza les hace sentir a las personas con derecho de imponer tal verdad.

Ambos discursos suelen estar enfocados en los riesgos, en las amenazas, en lo que no debe hacerse, en lo que está prohibido. Pero ¿y lo demás? ¿Es la única forma de educar la sexualidad? No niego los riesgos, el dolor, los problemas, pero también está el otro lado: el placer, las posibilidades, el encuentro, la complicidad, el juego. Educar supone custodiar la presencia de la humanidad en cada uno. Y educar la sexualidad supone participar en la cocreación de vínculos más humanos, no se trata sólo de prevenir de enfermedades, embarazos o "conductas inmorales".

El tercer camino es el de la tecnología. Desplegamos un arsenal de instrumentos que facilitan el aprendizaje: computadoras, programas, medios audiovisuales, teléfonos. Las imágenes atrapan, captan la atención, permiten a veces que el alumno participe interactuando con el programa. "El lenguaje de las nuevas generaciones es el tecnológico, así que aprovechemos la tecnología para que aprendan", dicen los promotores de este camino. No quiero negar las aportaciones maravillosas de la tecnología, pero me inquieta su modo de abarcarlo todo. Sin duda, estos medios son asombrosos, pero con frecuencia dejan de lado algo que considero fundamental: el encuentro vivo con el otro, la conversación, las miradas que se cruzan. Si la sexualidad es contacto íntimo y profundo con el otro, ¿cómo se puede educar la sexualidad si ese

LA EDUCACIÓN ES UN ACONTECIMIENTO ÉTICO

contacto humano se minimiza y se reduce a estar frente a una pantalla? ¿No ocurre la sexualidad en el cuerpo, en los ojos que miran, en el sonido de la voz, en la calidez de la piel?

Cuando afirmo que la educación sexual es un acontecimiento ético quiero decir que el educador invita a pensar, pone en situaciones que hacen pensar, genera preguntas que obligan a pensar, pero no dice qué se debe pensar. Quiero decir que el educador abre posibilidades (nunca las limita), ayuda a mirarlas, a considerarlas con atención, pero no dice qué posibilidad elegir. Quiero decir que el educador enseña a mirar (más adelante hablaré de la mirada), pero no obliga a mirar como él ve. Quiero decir que el educador anima a decir, aunque lo que se diga no siempre sea lo que desea escuchar. Quiero decir que el educador invita a dudar, a cuestionar, a reconstruir lo que se enseña. Quiero decir que el educador no fabrica personas siguiendo un modelo, no normaliza (la normalización suele ser uno de los modos más eficaces de reprimir la sexualidad), sino que invita al alumno(a), al hijo(a) a convertirse en un lugar de creación. Quiero decir que el educador abandona la idea de enseñar verdades absolutas y, en cambio, invita a crear sentidos y significados personales. Quiero decir que educar es no perder de vista la otredad del otro, y eso significa custodiar su unicidad y su diferencia, significa ir a su encuentro, cocrear una relación y negarme a cualquier forma de dominio y *desotramiento* del otro.

Una educación así es siempre una invitación, no una imposición. Y quien aprende siempre tendrá la libertad de aceptar o no esa invitación.

Es verdad que al plantearme una educación sexual así, aparece un cierto miedo: ¿no está todo demasiado abierto? ¿Qué seguridad hay de llegar a un buen lugar? ¿Y si nos perdemos?

Sí, es abierto. No hay seguridad absoluta. Sí es posible perderse. Porque al pensar en la educación como experiencia ética y no como moldeamiento del otro, nos encontramos una y otra vez ante la incertidumbre. Y no hay modo de evitarla.

Como bien dice Edgar Morin, la verdadera ética se mueve siempre en terrenos complejos, ambiguos, llenos de matices y aristas, nunca en una situación de blanco o negro. Theo Klein nos advierte: "La ética no es un reloj suizo cuyo movimiento jamás se perturba. Es una creación permanente, un equilibrio siempre presto a romperse, un temblor que nos invita en todo instante a la inquietud del cuestionamiento y a la búsqueda de la buena respuesta" (Klein en Morin, 2006: 61).

¿Tranquilizador? No, por supuesto que no. Una educación así es siempre una aventura.

Repetiré algo que mencioné antes: la educación ética es lo contrario a la fabricación del otro. La filósofa alemana Hannah Arendt profundizó en esta idea. Ella pone especial atención en un hecho que puede parecernos obvio: nacimos. Somos seres que nacen, no que se fabrican. Fabricar algo es repetir un molde, un diseño previo de modo que funcione de cierta forma. La educación como fabricación es impositiva, fija, fría. Un acto de funcionarios que producen nuevos funcionarios. El resultado es un producto, no una persona. Nacer es otra cosa: un acontecimiento que rompe la continuidad del tiempo. Para Arendt, la esencia de la educación es la natalidad. Cada uno de nosotros nace, y al nacer trae consigo algo único, un modo especial de ver el mundo, una mirada nueva, una palabra nueva, un pensamiento nuevo: la más absoluta novedad. En palabras de Rilke: "Cada cual recrea el mundo con su propio nacimiento, porque cada cual es el mundo".

La tarea ética del educador es, por un lado, dar la bienvenida al recién llegado al mundo, acogerlo, introducirlo, hacerle saber que no está solo en el camino. Sí, nos toca enseñar qué es la sexualidad, cómo fuimos concebidos, cuántas dimensiones hay en ella además de lo biológico y lo reproductivo, de qué modo lo afectivo, lo social, lo erótico son parte esencial. Ayudar a que este tema, tantas veces rodeado de silencios, pueda ser nombrado. Pero eso no basta. Para Hannah Arendt la segunda tarea necesaria es preservar la novedad que hay en quien aprende. La educación como fabricación destruye esa novedad en su intento por producir lo mismo. Por eso la tarea de educar implica también resistir, interrumpir, oponerse a la fabricación de lo inhumano, dice Graciela Frigerio. Entonces no sólo es importante enseñarte qué es la sexualidad, sino ayudarte a explorar y crear una forma *tuya* de expresarla, que cuestione cualquier intento de estandarizarla, con características propias, fiel a tus propios valores y, por lo tanto, única. La educación ética busca cuidar de esa novedad e invita a algo que puede parecer extraño: seguir naciendo. Si somos seres que nacen, somos seres que pueden seguir naciendo una y otra vez. ¿Qué significa eso? Que podemos descubrirnos, transformarnos, inventarnos muchas veces. "Nadie nace una sola vez. Si tenemos suerte, volvemos a la superficie en brazos de alguien" (Anne Michaels, en Bárcena, 2003: 39). Con frecuencia algo de nosotros muere: una creencia, una certeza, un vínculo; y, cuando eso ocurre, desde esa muerte puede nacer algo distinto. La sexualidad infantil muere un día, para dar lugar al nacimiento de una sexualidad adolescente, que a su vez morirá para dar lugar a una sexualidad adulta. Quizá con cada pareja nueva nacieron nuevos aspectos de nuestra sexualidad. ¿No es así? ¿Verdad que todo el tiempo además de morir estamos naciendo o, mejor dicho, re-naciendo? Nuestra sexualidad es así: nunca algo fijo y terminado, sino un continuo nacimiento de formas, emociones, deseos, elecciones nuevas. La tarea del educador es acompañar estos nacimientos.

Si intentamos una educación sexual ética será necesario atender a la mirada. Toda ética —decía Levinas— es una óptica, una forma de mirar (Levinas, 1977).

Hay miradas, creo, que nos alejan de la ética: la mirada del espectador, por ejemplo, ésa ante la que todo pasa sin que nada le pase, le toque, le conmueva, le deje huella. Una mirada que se mantiene a prudente distancia para no ser manchado, inmune a todo. Miro como si lo que pasa frente a mí estuviera tras una pantalla o en un escenario. Pasa sin pasarme. De algún modo me vuelvo inmune, inalcanzable. Como si no tuviera que ver conmigo, como algo que se da por hecho o, a lo más, me hace preocuparme unos pocos minutos hasta que una nueva cosa aparece y llama mi atención. Sólo miro. Sin ser tocado, sin dolerme, sin ser convocado, sin rebelarme.

La mirada, que es una forma de tocarnos, se convierte en un dispositivo que crea una distancia insalvable. Así, vemos el mundo y a los otros como algo que se nos ha puesto enfrente, allá, ante nosotros. Olvidamos que estamos envueltos en la carne del mundo, que nunca estamos frente a, sino en y con. Tristemente, nos hemos convertido en espectadores.

La otra forma de mirar que me parece no ética es la del consumidor. No sólo vemos el mundo como un inmenso supermercado donde todo tiene precio, sino que también los otros, nuestros improbables prójimos, se han convertido en mercancías que se compran, se cambian, se coleccionan, se desechan. Esta mirada está particularmente presente en la sexualidad contemporánea.

¿Qué mirada nos permite una sexualidad ética?

Diría que una mirada atenta. El filósofo catalán Josep Maria Esquirol, en *El respeto o la mirada atenta* (2006), nos propone algo interesante: se trata de mirar atentamente y con delicadeza, implicándome en lo que miro, lo que significa hacer a un lado la indiferencia. De esa mirada atenta suele surgir un profundo respeto por lo que miramos. La palabra respeto viene de *respectus*, *respicere*: mirar atrás, mirar atentamente, mirar de nuevo. Porque cuando miramos con esta atención descubrimos aspectos nuevos en lo mirado y, sobre todo, descubrimos que hay algo valioso y digno de respeto y cuidado. ¿Qué es digno de respeto?, se pregunta Esquirol, y luego responde: la fragilidad, lo secreto, lo cósmico.

Cuando miramos con atención descubrimos que lo contemplado es frágil y finito: está, pero un día dejará de estar. Más aún si miro a otra persona, siempre es frágil porque es mortal, se enferma, envejece. Descubriremos también que por más que conozcamos sobre algo o alguien, siempre habrá aspectos desconocidos, inalcanzables, misteriosos. Y también nos daremos cuenta de que hay un cierto orden, una armonía aunque no sea total. Lo contrario a lo caótico, es decir, lo cósmico. ¿Cómo sería nuestra sexualidad si intentáramos mirar así? Mirar la fragilidad, el misterio y la armonía en el otro con quien me vinculo sexualmente me permitiría tratarlo con respeto y cuidado. En palabras de Fernando Bárcena: "¿Será mirar acoger lo que se ve tal como es, sin modificaciones? ¿Será la ética de la mirada contemplar con unos ojos que protegen, que cuidan la dignidad de lo visto?" (Bárcena, 2003: 219).

Hay algo más en esta mirada. Yo miro, es cierto, y cuando lo hago, en ese sentido soy el centro de mi mundo. Pero también soy mirado, existen los otros y esos otros me miran. Entonces no soy sólo el que ve, sino también el que es visto como un otro; es decir, no soy el centro, no soy lo único, también soy pequeño. Hay una invitación a cierta humildad. Humildad viene de *humus*, tierra. Al mirar que soy mirado cuestiono mi arrogancia. Yo también soy otro.

Hay otro aspecto en esta tarea de educar y de mirar: enseñar el asombro, la admiración, la posibilidad de conmoverse ante la maravilla. El educador entonces modela una relación y una conmoción con lo que mira, invita a descubrir lo asombroso en lo cotidiano. Cuando lo que vemos nos da igual, no hay modo de hacernos responsables por ello. Si la sexualidad pierde su maravilla ante nosotros, ¿por qué íbamos a cuidarla? Si sólo se enseñan los riesgos y las amenazas de la sexualidad, como tantas veces se hace, seguramente provocaremos miedo y ansiedad, pero no verdadera responsabilidad. Hace falta enseñar también su maravilla, que sin duda está allí, si sabemos verla.

Resumo: educar éticamente la sexualidad supone dejar de lado nuestros intentos de fabricar al otro e imponernos. No puedo decirte qué camino debes tomar, pero puedo proponerte muchos caminos y respetar el que elijas. Esto nos pone en un lugar siempre incierto. ¡Pues abracemos la incertidumbre y acompañémonos en ella! Quiero acompañarte a que inventes el ser sexual que desees ser. Eso supone, quizá, proponerte (no imponerte) un nuevo modo de mirar: uno que descubra la dignidad del otro, para involucrarme con él o ella a la altura de esa dignidad.

Y entonces sí, hablo de compromiso. *Compromiso* no es una palabra que nos guste mucho en este siglo XXI, y sin embargo creo necesario volver a ella. Al mencionarla no estoy pensando en juramentos de por vida o en firmar papeles; lo que digo es que cada encuentro con otro ser humano, y sin duda cada encuentro sexual, aun si es casual o lúdico, implica un compromiso: el de respetar la integridad el otro, de la otra, siempre.

Migajas en el camino

- Tengamos presente que la ética no es la obediencia ciega a un conjunto de mandatos ajenos a nosotros, sino respuesta al otro, al llamado del otro, a la existencia del otro. Hay ética porque hay otro.

- No nos limitemos a enseñar técnicas para evitar embarazos no deseados e infecciones. Educar éticamente la sexualidad es ampliar las posibilidades de la vida.

- No nos limitemos tampoco a tratar lo biológico y lo reproductivo, sino que invitemos a mirar también lo social, lo político, lo erótico, lo estético.

- Pongamos más atención en el vínculo que en la tecnología, la técnica o los objetivos a alcanzar. No hay educación ética sin vínculo.

- Si la educación es una relación no puede apresurarse. Démosle tiempo.

- Cuestionemos ese juego en el que se persigue el éxito a toda costa, compitiendo siempre y en el que los demás son mercancía.

- Asumamos que la educación sexual ética es un viaje en el que existirá incertidumbre.

- Partamos de la realidad, tal y como es, aunque nos sea incómoda, en lugar de quedarnos atrapados en el ideal y en el deber ser.

- No hablemos sólo de riesgos, problemas, sufrimiento, enfermedad. Es necesario hablar del placer, de la pasión, de la belleza, de la complicidad, del juego.

- Si la sexualidad es contacto íntimo y profundo con el otro, ¿cómo podemos educar la sexualidad si ese contacto humano se minimiza y se reduce a estar frente a una pantalla?

- Invitemos a pensar, pongamos a quien aprende en situaciones que hagan pensar, generemos preguntas que obliguen a pensar, pero no digamos qué se debe pensar.

- Invitemos a dudar, a cuestionar, a desarmar. Invitemos al alumno(a), al hijo(a) a convertirse en un lugar de creación y no en un modelo preestablecido.
- Esta educación es una invitación, nunca una imposición.
- Preservemos la novedad que hay en quien aprende.
- No basta que enseñemos qué es la sexualidad, hace falta ayudar a explorar y crear una forma *personal* de expresarla.
- Miremos y enseñemos a mirar atentamente, esto es, no como simples espectadores o consumidores, sino implicándonos y dejándonos afectar, descubriendo la dignidad de lo que vemos.
- Conmovámonos, asombrémonos, admiremos lo que vemos y modelemos esa forma de mirar.
- Veamos la sexualidad como la maravilla que es.

MIRAR AL OTRO

Pero sé una cosa: mi camino no soy yo,
es el otro, es el resto. Cuando pueda sentir
totalmente al otro estaré a salvo y pensaré:
aquí está mi puerto de llegada.

Clarice Lispector

El otro, la otra, es el puerto de llegada, dice Clarice Lispector, yo diría que también el puerto de salida. Venimos de otros, otros nos hicieron nacer y luego nos descubrimos y crecemos de nuevo con los otros. Antes he dicho que una de las heridas más graves, si no la más, de la sexualidad actual es la desaparición del otro, el modo obsesivo con que nos vemos a nosotros mismos que hace que la presencia del otro se erosione hasta desaparecer. Entonces es evidente que si intentamos una educación de la sexualidad ética es necesario, y me atrevería a decir que urgente, enseñar a mirar de nuevo al otro, a la otra y actuar en consecuencia.

Como dijimos: no hay ética sin otro, pues como afirma Levinas, ética es justamente "[...] este cuestionamiento de mi espontaneidad por la presencia del Otro" (Levinas, 1977: 22). Es decir, el otro irrumpe y su presencia es una pregunta que espera respuesta y que interrumpe mi modo de andar por la vida atento sólo a mí, a lo mío. "El otro es la frontera que nos salva de nosotros mismos", dice Ricardo Foster (en Larrosa y Skliar, 2009: 106).

El otro no como una abstracción sino como una presencia real que nos interpela, que rompe nuestra autorreferencialidad, que de pronto está ante nosotros con toda la desmesura de su otredad. Ese otro que no espera a ser invitado, que no aguarda a ser incluido, que no se somete a las condiciones que le impongo, que no se adapta a mis expectativas, que no se despoja de su diferencia para agradarme, que no necesita de mi mirada para existir, que no acepta mi burda tolerancia. El otro irrumpe y al hacerlo me produce una conmoción, me sacude y "me deja el alma perpleja", como dice Deleuze que ocurre en el verdadero aprendizaje (Skliar, 2008: 14).

El otro, la otra, nos recuerda que no estamos solos: vivimos en un mundo común, donde nuestros actos cocrean la realidad. "La vida en común es lo que hace posible una vida humana que no se basta nunca a sí misma. Es imposible ser sólo un individuo. Lo dice el cuerpo, el frío, el hambre, la marca del ombligo, nuestra voz con sus acentos" (Garcés, 2013: 23). Lo que hacemos o dejamos de hacer afecta y toca al otro, como nos afecta y nos toca lo que el otro hace o deja de hacer. No podemos ser ciegos a eso. O quizá sí podemos y de hecho lo somos. De tanto ver a través de la distancia de una pantalla acabamos pensando que el otro es sólo una imagen que desaparece haciendo *zapping*. Pero el otro, la otra, sigue estando allí, y no sólo eso: el enfoque Gestalt, que es mi modelo terapéutico, afirma algo que no deja de inquietarme: el Yo, eso que llamo Yo, surge siempre ante otro. Necesito del otro para ser.

"El ser humano es ser del otro, enfrente de otro, gracias a otro, por otro, para otro, con, contra. E incluso el contra es un con. Así halla su sentido de existencia y está allí para permitir que el otro halle su sentido de existencia", dice Jean-Marie Delacroix (Delacroix, 2006: 78); y dice Jean-Marie Robine: "¡Es el otro quien tiene la llave! Sin el otro, no se abre nada. Sin el otro, no existe nada; sin el otro, la expresión no existe; sin el otro, no existe la palabra" (Robine, 2006: 70).

Aquí, la sexualidad y la educación coinciden. Ambas encuentran su sentido en el otro. Ambas son una forma de ir hacia el otro.

La sexualidad humana, en lo más profundo, tiene esa finalidad: ir al encuentro del otro. Aun las experiencias sexuales más casuales buscan eso: salir de mí y encontrarme con alguien más, con lo que no soy yo. Lo dice de modo bellísimo Octavio Paz: "No podría ser de otro modo: el erotismo es ante todo y sobre todo *sed de otredad*" (Paz, 1993: 20). ¡La sexualidad es sed de otredad! Nos saca de nosotros y nos implica en vidas que no son nuestras, la sexualidad nos mezcla por un momento, nos hace perder los límites, nos vuelve nosotros no sólo a través de la idea, sino también a través de la piel, de la carne, de las sensaciones. "El sabor de la manzana no está ni en la boca que la muerde ni en la carnosidad de la manzana sino en el encuentro entre ambas. Y es que un beso necesita dos labios, el amor erótico dos cuerpos y sus silencios extasiados" (Bárcena, 2003: 50).

Y luego vuelvo a mí, pero ya no igual. Sé algo que no sabía. Sólo en el encuentro con el otro es que descubro lo que soy. El otro me revela.

Educar es también una especial relación con el otro. Un otro, una otra, que demanda de mí una respuesta. Está aquí de pronto, se presenta ante mí como recién llegado, tiene necesidades reales, hay cosas que no sabe, requiere ser cuidado, descubrir, crecer, aprender. Esa fragilidad me descentra, es decir, me quita del centro de mi universo, me perturba, me hace saber que me hago humano no al ir hacia mí mismo, sino al responder al llamado del otro. La educación ética es una respuesta a ese llamado.

Si el erotismo es *sed de otredad*, ¿qué ocurre cuando el otro se desvanece? Queda una sed sin modo de saciarse, un vacío. ¿Cómo llenarlo, con qué? Es cuando la sexualidad se convierte en otra de las formas del consumo. Pruebo una cosa u otra. Pruebo una experiencia y otra. Pruebo a una persona y a otra y a otra más. Uso y desecho. "El otro es sexualizado como objeto excitante. No puedo amar al otro despojándolo de su alteridad, sólo se puede consumir" (Han, 2014: 23). Y el vacío sigue.

¿Qué ocurre, en cambio, si abrimos los ojos, si —de nuevo— miramos con atención? Allí, frente a nosotros hay un otro, una otra, diferente y semejante. Es real, está más allá que cualquier idea previa que tenga acerca de él o ella, más allá de mis definiciones, de mis teorías, de mis intentos por conocerlo y entenderlo. Descubro —como ya vimos que dice Esquirol— su fragilidad (algún día dejará de estar, como yo). Descubro que no puedo saberlo del todo ("La relación con el otro es una relación con un misterio", decía Levinas). Descubro su belleza. Y todo eso me convoca, me llama, me demanda cuidado y respeto.

No importa si ese otro, si esa otra, está vestido de un modo u otro; no importa si lo encuentro en un museo o un prostíbulo; no importa si tenemos un vínculo desde hace años o lo acabo de conocer. No importa si tenemos un proyecto de vida común o es un encuentro de una sola noche. No importa si coincidimos en una iglesia o en una orgía. Ante mí está el otro, la otra, en toda su realidad, un ser humano, y así debo responder: preservando su dignidad. No hablaré aquí de si ese otro, esa otra, tiene cualquier orientación sexual: homo, hetero, bi; si es joven o viejo, si es un migrante o un indígena, si tiene alguna forma de diversidad funcional, ya sea física o intelectual; o si su identidad sexual no es la que se acomoda al sistema. Y no hablaré de eso porque en el fondo no importa, sólo son etiquetas y clasificaciones: es un ser humano y eso es suficiente para ser tratado como tal. Cuando nos encontramos de verdad con el otro las etiquetas desaparecen.

Es por esto que me parece que las nuevas tecnologías de la sexualidad, las aplicaciones para el ligue, las relaciones no monógamas, los juegos sexuales no son un motivo de escándalo; no son síntomas de una sexualidad enferma o que se viene abajo. Si cualquiera de estas formas y otras nuevas que surjan parten de la posibilidad de mirar al otro, podrán ser relaciones sexuales éticas. Y no se trata de que esos encuentros sexuales sean suaves y delicados, pero sí de que sean libres y consensuados. Intensos si queremos, salvajes si así lo elegimos, subversivos si estamos de acuerdo, pero siempre asumiendo que quienes participamos somos seres humanos y merecemos ser tratados como tales.

Es en esto donde creo que se establece lo realmente importante. Cuando ante mí hay un otro, una otra, y soy capaz de verlo, no puedo usarlo como objeto, no puedo exhibirlo como trofeo, no puedo acumularlo como objeto de colección, no puedo consumirlo como golosina, no puedo desecharlo como basura.

Aparece una palabra que hoy me conmueve y me ilumina: *amparo*, *amparar*. Josep Maria Esquirol nos recuerda que este lugar en el que vivimos está muy lejos de ser el paraíso. No hay perfección ni plenitud, no puede haberlas. Vivimos, dice él, en las afueras del paraíso, en el desierto, a la intemperie. En este lugar hay, querámoslo o no, fragilidad, enfermedad, muerte. Ante eso hay un par de gestos que nos hacen humanos: resistir y amparar. Amparar es proteger, cuidar, evitar que algo sea destruido (Esquirol, 2015: 128-136).

Mirar de verdad al otro, a la otra, sabiéndolos semejantes y por lo mismo vulnerables, nos invita (¿nos exige?) a ampararlos. Cuidar del otro, de la otra, de la misma forma que nosotros necesitamos ser cuidados. ¿Cómo sería una sexualidad en la que en lugar de usarnos estuviéramos dispuestos a ampararnos? No es posible amparar y al mismo tiempo abusar. No es posible amparar y exponer las fotos que me enviaste. No es posible amparar y contar a otros lo que hicimos. No es posible amparar y burlarme de tu cuerpo. No es posible amparar y fingir amor cuando lo que quiero es sexo. No es posible amparar y que me dé lo mismo contagiarte una infección. No es posible amparar y ejercer mi poder sobre ti. No es posible amparar y manipularte.

¿No será que en educación hablamos demasiado de independencia, autosuficiencia, autonomía? ¿No es hora de hablar también de interdependencia, de solidaridad, de compasión, de *heteronomía*?

Heteronomía no es una palabra que usemos mucho; de hecho, al buscarla en el diccionario, su definición es horrible: dependencia, sumisión. Para Kant, la *heteronomía* niega la autonomía (Bárcena y Mèlich, 2014: 132). Para Levinas, en cambio, la *heteronomía* es una escucha y una respuesta al otro que nos humaniza y que debe entenderse como responsabilidad. La heteronomía supone "deponerse como ego, desertar de uno mismo para ser fiel a uno mismo" (ibídem: 136). *Heteronomía*, entonces, es responsabilidad para con el otro. No pretendo negar la importancia de ser autónomos, de elegir por nosotros mismos y de enseñar a nuestros hijos y alumnos a hacerlo, pero pienso que en esta búsqueda de autonomía e independencia hemos dejado de lado al otro, a la otra. ¿De qué modo impacta esto en nuestros vínculos cotidianos, en nuestra forma de mirarnos, en nuestra sexualidad? ¿No será que al educar sólo para la autonomía acabamos por perder lo que nos hace humanos? De nuevo, la palabra de Levinas me ilumina: "Si yo no respondo de mí, ¿quién responderá de mí? Pero si yo sólo respondo de mí, ¿puedo ser todavía yo?" (ibídem: 136).

Es urgente una educación sexual ética, que es lo mismo que decir: una educación sexual que enseñe a mirar al otro (a cualquier otro u otra) como diferente, pero también como semejante; que enseñe a mirar al otro (a cualquier otro u otra) no como amenaza o como mercancía, sino como alguien que, como yo, habita a la intemperie y merece, también como yo, amparo.

Pero con esto no he dicho todo acerca de la Otredad en la educación sexual. Aún falta pensar en otra cosa: educar es respetar la otredad del que aprende. Mi alumno o alumna, mi hijo o hija también son otros. Cuando me impongo, cuando sólo está presente mi voz, cuando sólo yo digo la última palabra, no permito que el otro tenga lugar. ¿Cómo enseñar a que mis hijos, mis alumnos miren al otro si yo no modelo esa mirada en nuestra relación educativa?

¿Con cuánta frecuencia "educar" a los otros supone que dejen de ser "otros" y se vuelvan "nosotros"? Esa "educación" suele tener un precio alto: que el otro se despoje de su diferencia —esa diferencia que nos inquieta y perturba— y sea como nosotros. Es decir: "educarte" es hacer que dejes de ser tú y, por lo tanto, que dejes de ser otro.

Serás incluido siempre y cuando aprendas, conozcas, seas aquello que nosotros hemos decidido que aprendas, conozcas y seas. Serás incluido siempre y cuando crezcas como yo creo que debes crecer, te des cuenta de lo que yo me doy cuenta. Detrás hay una idea oculta pero presente que no siempre nos atrevemos a enunciar aunque la creamos: "yo sé lo que tú no sabes y sé lo que deberías saber, luego, puedo y debo enseñarte, o también: yo soy mejor que tú y soy lo que deberías ser. Luego, puedo y debo formarte, [...] Si todos supieran lo que yo sé y si todos pensaran como yo pienso, si todos fueran como yo sin duda el mundo sería mejor" (Larrosa, 2003: 289).

La educación ética recibe al otro con su diferencia, con su historia, con su narrativa, sin pretender que se *desotre*. Recibe al otro con hospitalidad, he aquí una palabra importante, aunque pareciera en desuso. La hospitalidad es una alternativa a la superioridad implícita en muchos procesos que se pretenden educativos, que reciben al aprendiz siempre y cuando deje de ser quien es. En palabras de Derrida, "La hospitalidad comienza con la acogida sin preguntas, en una borradura doble, la borradura de la pregunta y del nombre" (Derrida, 2000: 34).

La hospitalidad supone recibir al otro despojándome de preguntas y de etiquetas, recibiéndolo tal y como es, abierto a su novedad; es, en palabras de Carlos Skliar, "[…] ese gesto antiguo pero muchas veces olvidado que significa recibir al otro sin imponerle condiciones, dejándolo venir con sus dones y sus carencias, aceptándolo en su especificidad" (Skliar, 2008: 27). Ser capaz de expresar al otro con actitudes y con hechos que está bien ser lo que es, y que también tiene derecho a transformarse, a reinventarse y a ser todo lo que elija ser aunque eso no coincida —o incluso se oponga— con mi creencia acerca de él.

La hospitalidad implica una doble tarea: acoger y donar.

Acoger es recibir con las manos y el corazón abiertos, sin más. Sin preguntas ni condiciones. Es un decir: estoy aquí para ti, no eres un extranjero en el mundo, sólo quien acaba de llegar, y por eso te recibimos y nos encargamos de mostrarte y acompañarte en este descubrimiento.

Lo segundo es el don. Salgo de mí mismo porque estás tú y tu mera existencia es suficiente para que yo me sepa responsable de compartirte lo que sé. Doy. Te doy. Me doy. Y ese dar es desmesurado, no busca lograr algo, no piensa en los efectos, sólo da. Doy aunque no pidas, enfrentándome a tu derecho a rechazar lo que te doy o a tu indiferencia. Pero, además, lo que te doy no te hace deudor, pues recibir es tu derecho. Doy lo que tengo, lo que he aprendido, lo que creo que te servirá en el camino, pero también te doy lo que no tengo, lo que no sé, lo que no soy. ¿Cómo es posible eso? Es posible porque al educar no sólo transmito lo que poseo, sino que intento ayudarte a desarrollar una inteligencia, una sensibilidad y una creatividad para que vayas más allá de mí, para que camines tu propio camino y aprendas cosas que yo no imagino.

Pero ¿hay en este don, en esto que doy, algo que recibo? Para Nietzsche, sin duda sí: "Siempre acabaremos siendo recompensados por nuestra […] ternura hacia lo extraño, despojándose lo extraño lentamente de su velo y presentándose como una nueva belleza indecible: ése es su agradecimiento por nuestra hospitalidad" (Nietzsche en Han, 25).

En un mundo donde el otro se erosiona es necesario mirarlo de nuevo y dejarnos impactar por su presencia. En un mundo que empieza a ser ocupado por la mismidad es necesario hacer sitio a la diferencia. En un mundo donde buscamos compulsivamente nuestra propia imagen es necesario encontrarnos con otros rostros, otras vidas. Sólo si me encuentro con el otro, con la otra, es que puedo ejercer una sexualidad humana y no un mero consumo de cuerpos y sensaciones. Sólo en el otro es que puedo dar conmigo.

Migajas en el camino

- Ante la constante mirada narcisista en la que nos vemos solo a nosotros mismos, es necesario enseñar a mirar al otro, a la otra, a los otros. Esto es lo central en la educación sexual ética.
- Recordar que vivimos en un mundo común, con otros y otras que nos afectan y a quienes afectamos. Cada una de nuestras decisiones y actos tiene consecuencias en los demás.
- Sexualidad y educación son formas de ir al otro, y allí, en ese encuentro somos transformados. Nadie se hace a sí mismo. Nos hacemos siempre con el otro, con la otra.
- Dejémonos sentir al otro en su fragilidad y su necesidad. Educar éticamente es dejar de ser indiferentes y responder a ese llamado.
- Cuando dejamos de mirar al otro lo convertimos en un objeto que puede usarse y desecharse. Enseñemos que quien está ante mí es un alguien y no un algo.
- Miremos al otro, a la otra con verdadera atención. Cuando miramos así surge el respeto.
- Tengamos presente que todos (los otros y yo) compartimos un mundo complicado y a veces doloroso. La respuesta humana ante ello es el amparo: cuidar de los otros y dejarnos cuidar por ellos.

- Quizá es necesario pensar en una educación que no se queda en buscar autonomía. La heteronomía nos recuerda que también somos responsables de los otros.
- La educación ética nos invita a ser hospitalarios, a recibir a quienes educamos tal y como son, siendo capaces de ver la dignidad que hay en ser así. Dar la bienvenida y darme al otro, a la otra, sin esperar reciprocidad.

CONVERSEMOS

¿Quién habla aún al corazón abrasado
cuando la cobardía ha puesto nombre
a todas las cosas?
ANTONIO GAMONEDA

La educación, dice Humberto Maturana, es transformar en la convivencia. Dependiendo del tipo de convivencia que construyamos será la transformación que suceda. ¿Qué forma de convivencia se requiere para educar éticamente?

La educación sexual ética renuncia a ser una imposición, un adoctrinamiento, una domesticación. Renuncia a ser un monólogo y propone, en cambio, una relación, un vínculo, una conversación.

Y es que, como ya dijimos, está la presencia de un otro, de una otra, con su historia y su experiencia, sí, pero también con su palabra. Quien aprende no sólo es alguien que escucha, sino alguien que tiene voz y algo que decir, una particular visión del mundo. ¿Recuerdan la propuesta de Hannah Arendt? Con el nacimiento de cada persona nació también una forma de mirar el mundo. ¿Cómo conocer esa forma única si no le doy la palabra? Esto implica, como dice Nuria Pérez de Lara, "retroceder ante la vida", detener mi discurso y escuchar esas vidas que hacen surgir verdades que no son las de nuestras teorías, técnicas y evaluaciones (Pérez de Lara, 2009).

Los educadores solemos tener una tendencia a hablar demasiado, a llenarlo todo con nuestras palabras. Pasa lo mismo en la educación de la sexualidad: estamos llenos de consejos, advertencias, órdenes, teorías, opiniones, "verdades". ¿Cuántas veces me he descubierto a mí mismo, con cierta vergüenza, llenándolo todo con mis palabras hasta que el tiempo del nuestro encuentro se agota? Al final, sólo queda el eco de mi voz, puro reflejo de mí mismo. ¿Y el otro, y la otra? Lo convierto en una escucha silenciosa a quien no le queda más que asentir, aceptar, introyectar lo que yo digo. Dice Darío Sztajnszrajber: "La educación se apropia del alumno *desotrándolo*. El docente toma del alumno, quiere de un alumno ¿qué? Una escucha, un silencio, respuestas para un examen, calificaciones. ¿Y el otro? Lo convierto en lo que necesito" (2017).

Hay en esto una imposición de mi palabra sobre la suya, un ejercicio de poder, una negación del otro. "Algunas formas de escribir y de leer, de hablar y de escuchar, extienden la sumisión, el conformismo, la estupidez, la arrogancia y la brutalidad" (Larrosa y Skliar, 2005: 27). ¿Es que quien aprende no tiene nada que decir acerca de la sexualidad, de *su* sexualidad? ¿Es que no tiene opinión? ¿Es que no tiene sus propias experiencias? ¿Cómo educar la sexualidad si no me doy tiempo para escuchar lo que el otro, la otra, tiene que decir acerca de ese tema en la realidad cotidiana de su vida? Porque una cosa son nuestras teorías, nuestros conceptos y definiciones, nuestras etiquetas —¡cuántas etiquetas hay en la sexualidad y qué orgullosos estamos de ellas!— y otra muy diferente es la vida concreta de quien nos escucha. ¿A qué realidad se enfrenta la sexualidad de los y las jóvenes cada día, en casa, en el transporte público, en los medios de comunicación? ¿Qué les importa en realidad? ¿Qué preguntas tienen? ¿Cómo están siendo sus relaciones? ¿Qué les divierte, que les conmueve, qué les hace sufrir referente a su sexualidad?

Lo mismo ocurre con los niños y niñas. Su infancia no es la nuestra. Miran, escuchan, enfrentan cosas que quizá no imaginamos. Ven a los adultos siempre, observan el mundo, nos escuchan hablar y crean sus conclusiones. Hoy sabemos que los niños y niñas no son ángeles asexuados. ¿Qué desean saber? ¿Qué necesitan?

Equivocadamente asumimos que conocemos y entendemos a los niños y a los jóvenes por el hecho de ser adultos, y además que entendemos su sexualidad. Graciela Frigerio nos dice lo contrario: un niño, un adolescente son lo incognoscible, la extranjeridad. Para empezar, viven en un tiempo que no es nuestro tiempo, pues su existencia está sobre todo en el presente. Olvidamos que en esa edad es importante tener a alguien que sepa sostener y a la vez nos deje libres, alguien que apoye pero también se contraponga a veces, alguien que no se crea omnipotente pero tampoco impotente ante mí, alguien que no se borre, alguien que trabaje sobre sí mismo para ampliar nuestra relación (Frigerio, 2015).

Odio esos términos para hablar de sexualidad en los que siempre parece que uno le hace algo al otro: "Le hice el amor", "Me hizo el amor", "Me la cogí", "Me entregué a él", etcétera. Como si sólo uno hiciera y el otro (casi siempre la otra) fuera sólo un receptor pasivo de ese acto. La experiencia sexual es siempre hecha por ambos, es mutua. Me parece que cuando en educación sexual sólo yo hablo replico esa forma unidireccional que deshumaniza al otro, y de lo que se trata es de cocrear un vínculo, una relación en la que ambos hacemos y a la vez somos hechos. Dice Graciela Frigerio que para que una educación sea ética, "No basta que nuestros contenidos sean revolucionarios si están inscritos en relaciones autoritarias y de poder" (Frigerio, 2017). Porque si es así sólo repito más de lo mismo.

Como educador de la sexualidad tengo algunas tareas que me parecen esenciales si quiero construir una relación ética con mis alumnos, mi hija, con quien aprende: la primera es darme cuenta de que el otro, la otra, está allí. Mirarlo, reconocerlo, saberlo dueño de su palabra. Para Paul Ricoeur, la puerta de entrada al conocimiento es el reconocimiento. No puedo querer aprender si no soy visto, si no soy reconocido como semejante. Y aquí subrayo algo importante: como semejante. Educar éticamente implica saber que quien aprende es un igual. No es posible una verdadera conversación desde una superioridad condescendiente en la que asumo que el otro está incompleto. Y entonces cuántas veces, "La educación es la (tentación de) completar al otro, la (intención de) completamiento de los otros, la (necesidad de) hacer del otro aquello que no es, no fue, y, tal vez, nunca podrá ser" (Skliar, 2008: 60).

Parecería una obviedad: el otro, la otra, los alumnos, los hijos están allí. Pero a veces creo que no nos damos cuenta del todo. A veces lo que vemos son los objetivos a cumplir, el calendario que vuela, las evaluaciones que se acercan, las metas a las que hay que llegar, nuestras expectativas y temores; vemos lo que pretendemos enseñar, y detrás de todo eso, prácticamente invisibles, están los alumnos concretos, los hijos, con sus ojos, su piel, su sexualidad real y viva, con sus preguntas e inquietudes, a veces tan lejos de nuestros discursos.

Una segunda tarea es la de hablar, sin duda. Pero requiero antes haber hecho la primera. De otra forma es fácil hablar a nadie, hablar para oírme a mí mismo, sin un verdadero destinatario de mi voz. Hablo, pero no te hablo a ti, casi como si diera lo mismo quién está ante mí. Y no es un hablar cualquiera: hay palabras y modos que son un ejercicio de autoridad y una imposición. Al hablar cierro toda posibilidad de diálogo, de diferencia, todo derecho a disentir. Eso no es una conversación sino un sermón. Y vaya que estamos inundados de sermones acerca de la sexualidad.

En la educación es necesario no tener miedo a las palabras, y en la educación de la sexualidad esto es aún más importante. La realidad está allí, frente a nosotros y a quienes educamos, con toda su crudeza. ¿Qué sentido tiene buscar palabras que de tan sutiles no nombran lo que desean nombrar y sólo dan vueltas? Dejemos que las palabras aparezcan con toda la fuerza que contienen. No están los tiempos como para buscar eufemismos que suavicen lo que pretendemos decir. Pero, sin duda, eso implica que el educador revise qué ocurre con su propia sexualidad y con la expresión de ella. ¿Cómo hablar con claridad si me avergüenzo de mis palabras? Con mucha frecuencia escucho que al hablar de sexualidad quienes educamos buscamos términos científicos que, más que acercar, nos alejan. Atrevámonos a usar las palabras. Y esto también significa, creo, que estén cargadas de cuerpo y emoción. Hablar con toda la inteligencia que podamos, con ideas y razones, pero también que nuestro corazón se acelere mientras decimos, que nuestra respiración se modifique y nuestro cuerpo se estremezca. Y que hablemos también desde la tristeza, la furia, la ternura, la pasión. Que hablemos de modo tal que toquemos el cuerpo y la emoción de quien nos escucha. Puedo hablar del amor como un término, y encontraré cientos de referencias psicológicas, lingüísticas, filosóficas, mitológicas, sociológicas, etimológicas que lo sustenten. Pero cuando digo "Te amo" a mi pareja, a mi hija, aunque esas palabras hayan sido dichas miles de veces, son tan nuevas como la primera vez que fueron pronunciadas. Aun más: de algún modo son pronunciadas por primera vez.

¿Qué tipo de relación genero con mis alumnos o con mi hija a través de mi manera de decir? ¿Me acerco? ¿Me distancio? ¿Me muestro? ¿Me oculto? ¿Les toco? ¿Me dejo tocar? Hay formas de decir que se convierten en una barrera que, en lugar de aproximarnos, nos separa. Se vuelve necesario, "No hablar desde la verdad o el poder. Amar es tener poder y decidir no ejercerlo. Retirarme para que el otro sea. No desde la verdad sino desde el cuestionamiento", dice Darío Sztajnszrajber (2017). Y nombra algo que me parece esencial y de lo que hablaré más adelante: cuestionar, hacer preguntas, dejar abierto en lugar de cerrar, y dejar de lado mi pequeño poder, mi pequeña verdad para ofrecer a cambio mis dudas y que de allí nazca "una conversación que no se sostenga en el 'porque yo lo digo' sino en el encuentro entre dos o más fragilidades" (Skliar, 2018: 173).

La tercera tarea quizá es más difícil: consiste en callarme para dar la palabra al otro, a la otra. Y callarme no sólo es cerrar la boca sino silenciar lo mío: mis opiniones, mis certezas, mis ideas preconcebidas, para que mi silencio abra un espacio para el otro, la otra, quien aprende. Dice María Zambrano con ese su modo de decir tan luminoso: "El que habla por experiencia, aunque calle lo más importante, comunica, y cuando calla lo hace como Sócrates, para que el otro sienta nacer dentro de sí lo que necesita y sea más suyo: para que lo sepa por experiencia también".

No puedo asumirme como experto en tu sexualidad, es absurdo, porque tu sexualidad es tuya. ¿De verdad podemos creer que somos expertos en la sexualidad del otro, de un niño o niña? No los somos, cada uno de ellos está haciendo su propio camino. ¿Tenemos una idea clara de lo que un o una adolescente ve, habla, explora de su sexualidad? Muy poco. Entonces hace falta conversar, que es un ir y venir entre decir y escuchar, dejándose sorprender, tocar y mover por lo que se escucha.

Skliar dirá que la ética también es una escucha, un modo de oír al otro haciéndole espacio, vaciándome de mí de lo mío, desalojándome de modo que haya espacio para ti.

Callar para hacerle lugar al alumno, al hijo, a quien aprende, para dar lugar a lo suyo. Hay formas mías de estar que dejan poco espacio para el otro. Me escucho, me veo, me vuelvo figura, pero... ¿Y él/ella? ¿Dónde ha quedado en medio de tanto yo? ¿Le he dejado espacio?

Este callar no es fácil porque supone ponerme en duda, cuestionarme, hacerme disponible y, en definitiva, *escuchar* dejándome impactar por lo que el otro dice, por lo que el otro es, de tal modo que lo que escucho no me deje igual, sino que me mueva, me abra, me duela, me renueve. ¡Parece tan simple! Pero a veces lo olvido: para escuchar he de callarme.

Se trata de silenciar mi propia voz, mis propios *pre*-juicios, para que ese silencio, ese callar, ese callar-*me* sea el fondo nutricio del cual nazca la novedad. Callar para escuchar, pues si no me callo, ¿cómo es que el otro va a hablar? "En cierto sentido, la escucha antecede al habla. Escuchar es lo único que hace que el otro hable [...] La escucha invita al otro a hablar, liberándolo para su alteridad [...] el ego no es capaz de escuchar", dice Byung-Chul Han, y luego recuerda un bellísimo pasaje de *Momo*, la novela de Michael Ende: "Otra vez, un niño pequeño le llevó su canario, que no quería cantar. Aquello resultó una tarea demasiado ardua para Momo. Tuvo que escucharlo una semana entera hasta que finalmente empezó a cantar de nuevo" (Han, 2107: 92-94).

Quizá haya una posible confusión en lo que digo. No hay un orden entre el hablar y el escuchar. No se trata de empezar con uno y que el otro siga. La conversación siempre es una danza, un ir y venir. Mi palabra surge de la tuya y la tuya de la mía. Lo grave es que existan espacios que se pretenden educativos en los que los educadores hablan y los que aprenden callan. "Nos hemos formado siendo altamente capaces de conversar acerca de los otros y altamente incapaces de conversar con los otros" (Larrosa y Skliar, 2009: 154). Nos hacemos preguntas acerca del otro, "profundas" preguntas, "importantes" preguntas... en lugar de preguntar al otro, y más aún, dejar que el otro pregunte y me pregunte; y todavía más: abrirme a la pregunta que me plantea la mera existencia del otro.

Lo que sucede es que cuando me arriesgo a una verdadera conversación estoy dispuesto a ser tocado, conmovido y perturbado por la palabra del otro, en este caso de quien aprende. Y es muy posible que muchas veces escuche lo que no quiero escuchar, lo que se opone a mis ideas. "La educación no termina ni empieza cuando el alumno habla, piensa y dice como yo, sino cuando habla, piensa y dice por sí mismo" (Skliar, 2016).

Sin duda, hay más que las palabras. Y es que las palabras se manipulan. Pueden fingir apertura sin realmente tenerla, pueden disfrazarse de cercanía cuando lo que hay es distancia. Pero es que una conversación no sólo está hecha de palabras, sino también de actitudes, gestos, miradas, acciones, silencios, esperas. Creo firmemente que cuando nuestras palabras no van acompañadas de una actitud que las respalde, quien aprende se dará cuenta tarde o temprano, dejándonos con nuestras palabras vacías e inútiles.

Una educación sexual ética supone entonces crear un espacio de conversación. ¿Qué están viviendo nuestros alumnos, nuestros hijos? ¿A qué se enfrentan? ¿Qué temen? ¿Qué disfrutan? Me parece que en muchas ocasiones lo que necesitan no son lecciones, sino saberse acompañados en el descubrimiento de ese aspecto de sus vidas. Pensar juntos, explorar juntos, indignarnos juntos, buscar posibilidades juntos. Eso no será posible si no bajamos del lugar de superioridad y juicio en el que a veces nos acomodamos. Quizá nos asusta bajar de ese lugar. Conversar implica mirarnos a los ojos. Conversar implica renunciar a la posesión de la verdad y descubrir que si hay una verdad, o al menos algo que se le parezca, siempre surge de una búsqueda común. Estás tú y estoy yo, tu mirada y la mía, tu palabra y la mía, tu silencio y el mío, y es en ese encuentro donde puede nacer la posibilidad de aprender.

Migajas en el camino

- ¿Y si renunciamos a la imposición, el adoctrinamiento y la domesticación?
- ¿Y si renunciamos al monólogo y a los sermones para que la educación se vuelva conversación?
- Escuchemos lo que los hijos y los alumnos tienen que decir sobre su sexualidad.
- Bajémonos de la teoría para aprender de la realidad cotidiana de nuestros hijos y alumnos.
- Hacer una educación sexual ética implica retos e incluso paradojas: sostener a quien aprende y a la vez dejarlo libre, apoyarlo y a la vez confrontarlo, estar presente y a la vez darle espacio.
- "No basta que nuestros contenidos sean revolucionarios si están inscritos en relaciones autoritarias y de poder".
- Educar éticamente implica saber que quien aprende es un igual. No es posible una verdadera conversación desde la superioridad.
- Hablemos directamente sin eufemismos, sin evitación, sin falsas delicadezas.
- Hagamos sitio a la emoción en nuestras palabras.
- Preguntémonos qué tipo de relación generamos con nuestros alumnos o con nuestros hijos a través de nuestra manera de hablar. ¿Nos acercamos o nos distanciamos? ¿Nos mostramos o nos ocultamos? ¿Echamos rollos, sermoneamos, damos lecciones? ¿Los tocamos con nuestra palabra? ¿Nos dejamos tocar?
- Callémonos para dar la palabra al otro, a la otra. Y callar no sólo es cerrar la boca sino silenciar lo nuestro: nuestras opiniones, nuestras certezas, nuestros prejuicios.
- Tengámoslo claro: nadie puede ser experto en la sexualidad de otro.
- "La educación no termina ni empieza cuando el alumno habla, piensa y dice como yo, sino cuando habla, piensa y dice por sí mismo".

- Una conversación no sólo está hecha de palabras, sino también de actitudes, gestos, miradas, acciones, silencios, esperas. ¿Nuestras palabras no van acompañadas de una actitud que las respalde?
- Conversar de sexualidad no es algo que pueda ocurrir sin una base previa. ¿Cómo pretender que nuestros hijos y alumnos quieran conversar sobre ese tema si nunca antes conversamos?

INTIMIDAD: UNA INVITACIÓN
A COCREARNOS

> *En mi corazón se agitan*
> *los pájaros que en él sembraste.*
>
> JUAN GELMAN

No sé si tú lo percibes como yo lo percibo. Cuando miro los problemas de mis pacientes y mis amigos para relacionarse con los demás, cuando veo mi propia incapacidad, me parece que en el fondo hay un profundo miedo a la intimidad. Y tengo la sensación de que este miedo afecta constantemente nuestra sexualidad en general y nuestro modo de establecer contactos sexuales. Miedo a estar demasiado cerca. Miedo a que esa cercanía me exponga, me afecte. Y entonces, es mejor crear una distancia emocional para que aunque nuestros cuerpos estén juntos en realidad estemos lejos y a salvo.

Quizá es por esto, entre otras cosas, que ponemos entre nosotros pantallas, juegos, prisa, incluso cierta violencia.

Durante mucho tiempo se nos enseñó que el ejercicio del sexo era peligroso. Se hablaba de él en voz baja, con eufemismos, nombrando sin nombrar. De ser posible había que evitarlo hasta llegar a cierta edad y hacerlo válido a través del matrimonio o, al menos, del amor. Si no era así, se mantenía en secreto. Poco a poco las cosas han cambiado, y, sin embargo, me parece que hemos desplazado ese miedo del sexo a la intimidad. Cada día en el consultorio escucho de personas que anhelan una relación y sólo encuentran sexo. También escucho a personas que se vinculan sexualmente pero que en cuanto empiezan a "sentir más", huyen.

Creo que si intentamos una educación sexual ética es importante educar también la capacidad de intimar. No quiero decir que todos los encuentros sexuales deban ser profundamente íntimos, a veces no es así y puede ser una elección; sólo me inquieta mirar que el miedo a intimar a veces se convierte en la incapacidad de hacerlo.

¿Qué es la intimidad? ¿Por qué nos asusta y la evitamos?

Una forma común de definirla, seguramente la has escuchado, es la siguiente: una relación de intimidad es aquélla en la que dejo entrar al otro en mi mundo interior y soy invitado a entrar en el mundo interior del otro. Entras en mí y entro en ti. Nos permitimos entrar.

Al leerla me parece que dice algo, pero no todo, como si la experiencia de intimidad fuera difícil de poner en palabras, como si escapara a toda descripción. Es más bien una sensación, un color, una melodía, una forma de habitar la relación. Digo intimidad y, más que definiciones, llegan a mí gestos, lugares, palabras, silencios. Digo intimidad y veo la sombra de mi padre proyectada en la pared por la vieja lámpara de colores, huelo su olor a lavanda. Digo intimidad y recuerdo la historia de la cigüeña que me contaba mi madre cada cumpleaños antes de levantarme. Digo intimidad y percibo el olor a café recién hecho mientras Mónica, con el pelo húmedo, busca entre su ropa y no sabe qué ponerse. Digo intimidad y miro que los ojos de mi amiga Carolina se humedecen cuando le cuento que estoy muy cansado. Digo intimidad y siento en mi piel la temperatura del agua de la tina mientras mi hija me enjabona el pelo con sus dedos delgados. Sí: lugares, gestos, aromas, sabores, historias, silencios compartidos y siempre, siempre personas, otros cuyas vidas se cruzan, se enredan, se entretejen con la mía.

Concluyo entonces que intimidad es más que entrar en el mundo del otro y dejar que el otro entre en mi mundo.

Para Gordon Wheeler, terapeuta gestáltico, es un modo de conocer y ser conocidos por el otro. Una relación de intimidad es aquélla en la que yo te permito entrar en mi mundo interno para *conocerlo, explorarlo y cocrearlo* conmigo; y en la que yo soy invitado a entrar en tu mundo para *conocerlo, explorarlo y cocrearlo* contigo. Esto es, no sólo entras en mi mundo como un testigo ni sólo entro en tu mundo como un espectador que observa lo que hay alrededor, sino que ambos nos sabemos invitados a crear y transformar ese mundo al que tenemos acceso.

Cuando te dejo entrar, estoy abierto a ser transformado por ti, a que participes de la creación de lo que soy. Y me sé con la posibilidad de hacer lo mismo. No sólo somos testigos sino cocreadores uno del otro.

Una relación de intimidad, entonces, implica una intención: la de ir hacia ti, la de alcanzarte, la de participar en la creación de lo que eres; pero, al mismo tiempo, implica un dejar que vengas a mí, un abrirme, un dejarte hacer para yo ser transformado.

Trato de no confundir una relación íntima con una relación sexual, aunque con frecuencia a las relaciones sexuales se les llama íntimas. Por supuesto, la experiencia erótica puede ser un modo de explicitar la intimidad entre dos (¿o más?) personas, pero también es cierto que puede haber experiencia sexual sin intimidad, y aún más, estoy convencido de que a veces un encuentro sexual es un modo de evitar la intimidad. Cogemos para no encontrarnos.

Intento también no confundir la intimidad con la convivencia. ¿Hay intimidad entre personas que viven juntas? No necesariamente. Podemos vivir al lado de alguien y permanecer cerrados uno para el otro, cercanos pero ajenos, próximos pero amurallados. Por otro lado, creo que es posible que haya intimidad en una relación breve. No es que el tiempo no intervenga en la creación de la intimidad, pero no basta. Más que de tiempo, la intimidad es un asunto de apertura (o no) de mi frontera.

¿Por qué da miedo la intimidad? ¿Por qué puede percibirse como un riesgo? ¿Por qué la evitamos?

En la intimidad está nuestra mutua intención de cocrearnos. Y en ello hay riesgo, sin duda, porque al invitarnos a participar en nuestra mutua creación perdemos en parte el control de lo que sucede. ¿Qué de mí será transformado por ti? ¿Hasta dónde? ¿Cuál es el límite? Creo que no hay respuesta a esas preguntas; por el contrario, abren un espacio a lo incierto y a lo impredecible. De algún modo me pongo en tus manos. De algún modo te pones en las mías. El resultado es una pregunta sin respuesta.

Pienso en otros riesgos. Si te permito entrar, conocer y explorar mi mundo, ¿qué encontrarás allí? Podrás quizá ver mi belleza, mi sabiduría, mi lado luminoso, pero también verás lo otro: mi fragilidad, mi torpeza, mis contradicciones, todo eso que intento ocultar tras una máscara. Es posible que conozcas partes mías que yo ignoro. ¿Te decepcionaré? ¿Te dolerá? ¿Me seguirás queriendo luego de ver lo que temo, lo que evito o lo que me avergüenza? Si estás demasiado cerca inevitablemente lo verás. Sin duda, Mónica ha visto partes de mí que me avergüenzan. A veces, no ha sido fácil ser el que soy ante su mirada.

Pero también ocurre lo contrario: yo entraré en su mundo y veré lo que hay allí. ¿Y si me duele lo que veo? ¿Si me decepciona? ¿Si me da miedo? Veré su oscuridad y sus dudas; quizá cosas que me lastimen. Veré eso en lo que no le basto, en lo que no soy suficiente para ella. ¿Podré soportar eso que veo? Si veo sus heridas, ¿qué me toca hacer ante ellas? ¿Y no es verdad que al conocer nuestra mutua fragilidad podríamos hacernos daño como nadie más podría?

Quizá temo la intimidad porque me *descentra*, es decir, me saca del centro de mi mundo. Al saberte a ti, con esta cercanía; al saber de tu existencia, no puedo permanecer en ese centro donde me había instalado. No sólo estoy yo: estás tú. Existes. Sientes. Necesitas. Tu presencia es un llamado a salir de mí. ¿Acaso puedo permanecer indiferente? ¿No se exige de mí una respuesta? Y es que así, tan cerca, tu dolor me duele; tu vida me afecta; tu mera existencia me confirma, pero también me pone en duda. No hay escapatoria.

La pregunta, entonces, no es: ¿cómo es posible que la intimidad nos atemorice?, sino ¿cómo es posible que no lo haga? En el fondo, la experiencia de la intimidad nos arroja siempre un par de preguntas perturbadoras: ¿cómo seguir siendo yo sin perderte? ¿Cómo estar contigo sin perderme?

Pero ¿qué se necesita para poder construir una relación de verdadera intimidad? ¿Qué habría que enseñar y explorar con nuestros alumnos e hijos? No se trata de soltar largos discursos sobre la intimidad y su importancia, sino de cocrear con ellos capacidades personales para poder vivirla.

Sólo somos capaces de intimidad si tenemos un yo a la vez firme y flexible. Desde hace mucho Winnicott hablaba de que no es posible la intimidad en personas rodeadas de una coraza dura que protege un núcleo central incierto y blando. "Para que la intimidad afectiva sea posible se necesita pues que el carozo sea duro y la corteza permeable" (Pasini, 1992: 50) Sólo si hay un yo fuerte es posible que mi límite se vuelva permeable, es decir, te dejo entrar y participar de mi mundo porque sé que lo que soy en lo profundo no será destruido. Por el contrario, un yo frágil requiere de un límite rígido que lo proteja de ser aniquilado. No estoy seguro de que dentro de nosotros haya un yo ya terminado, pero podemos pensarlo de otra forma: para ser capaz de construir una relación íntima preciso poder aceptar o rechazar con claridad lo que viene del otro. Si he perdido la capacidad de decir(te) "no", el riesgo de ser tragado es muy grande. Pero también necesito la capacidad de decir(te) "sí" para permitir que participes en mi mundo. No saber lo que quiero y lo que no quiero, o no ser capaz de expresarlo dificulta una relación de verdadera intimidad. Necesito también ser lo suficientemente flexible para permitir que tu presencia me afecte, me transforme y me amplíe.

Willy Pasini propone algo que me parece interesante: una relación de intimidad implica ser capaz de vivir *con* el otro, y no vivir *para* el otro. Cuando vivo para el otro me anulo, cuando el otro vive para mí se anula. Dejamos de ser dos. Pero para poder vivir *con* el otro es necesario, antes, ser capaz de vivir *para sí*. "La conquista de la autonomía es una fase indispensable para llegar a la cooperación con el otro sin riesgos para la propia individualidad. Si esta fase no se alcanza y no se integra a la historia personal del desarrollo existe siempre el riesgo de fusionarse con el otro, de depender de él, de abandonarse a él sin condiciones" (Pasini, 1992: 57-58). No me gusta mucho la palabra *autonomía*, pues me parece que hace referencia a una de las tantas ilusiones de la cultura individualista. Nadie se basta a sí mismo. Más que un núcleo duro o autonomía, creo que necesitamos seguridad emocional para arriesgarnos a la experiencia de la intimidad. Entonces, más que discursos sobre la intimidad, es preciso trabajar para que nuestros alumnos e hijos sepan lo que desean y lo que no, y que sean capaces de decirlo con claridad y firmeza. Y que, al mismo tiempo, no se queden fijos en una sola idea de sí mismos, sino que se descubran como seres dinámicos que cambian y se transforman gracias al otro. Pero ¿cómo enseñar esto si creamos espacios educativos en donde no hay lugar para que se expresen y digan lo que quieren, o si censuramos cuando lo hacen porque no coincide con nuestras expectativas? ¿Cómo puede un hijo, una hija, aprender intimidad si no creamos relaciones verdaderamente íntimas con ellos?

Me parece también que una relación de intimidad sólo es posible si ambos somos capaces de fluir en ese curioso ritmo que tiene como extremos fusión y separación, cercanía y distancia, contacto y retiro. Para estar plenamente contigo necesito también estar sin ti. Y conmigo. La sola fusión ahoga, desvanece la diferencia y sin diferencia no hay contacto ni intimidad posibles. Para estar cerca de ti necesito a veces estar lejos; necesito volver a mí, a lo mío, a mi lugar, allí donde me reconozco separado y mío. Desde allí puedo volver a ti, mezclarme, dejarme transformar. Sabiendo siempre que cuando lo desee puedo alejarme de nuevo. La intimidad sólo puede fundarse en la libertad. Puedo arriesgarme al nosotros únicamente si puedo volver al yo.

La intimidad, dice Wheeler, requiere cierta equidad. Que tú y yo tengamos un poder similar (y eso significa, también, una fragilidad similar). Estoy convencido de que sólo se aprende intimidad intimando, aventurándose a esa experiencia y aprendiendo que podemos estar cerca sin perdernos a nosotros mismos. Creo que una labor necesaria como educadores de la sexualidad es la de crear relaciones de intimidad con quienes aprenden, lo que implica acortar la distancia, bajarnos del pedestal, despojarnos de los roles que nos hacen intocables y asumirnos como semejantes. Y más que eso, asumir que en ese encuentro no sólo el otro será transformado sino también nosotros, porque no es posible un vínculo íntimo que no nos transforme. Sin duda, eso implica cuestionar nuestros modos de educar, de ejercer la autoridad, de sentirnos seguro. Porque esta cercanía también provocará dificultades, no puede ser de otro modo. Intimar es un acontecimiento, es decir, una experiencia que irrumpe, me pone en duda y me transforma. Y, sin duda, esto no puede ocurrir sin conflicto. La intimidad no está libre de conflicto; por el contrario, esta profunda cercanía hace que a veces nuestras diferencias choquen. En otras palabras, el conflicto es una consecuencia inevitable de la verdadera intimidad con otro.

Pero ¿cómo enseñar a alguien la intimidad sino construyéndola juntos para que la saboree y la sepa posible? Pero ¿estamos dispuestos? Intentar integrar "el singular y el plural de la primera persona", como dice Michael Vincent-Miller: poder crear un nosotros sin renunciar al yo. Ser, a la vez, yo y nosotros, esa esencial aventura humana.

Migajas en el camino

- Si intentamos una educación sexual ética es importante educar también la capacidad de intimar.
- No podemos educar la intimidad si no intentamos crear una relación íntima con hijos y alumnos.
- Una relación de intimidad implica una intención: la de ir hacia ti, la de alcanzarte; pero, al mismo tiempo, implica un dejar que vengas a mí, un abrirme.
- No confundamos la intimidad con práctica sexual o convivencia.
- Sólo somos capaces de intimar si tenemos un yo a la vez firme y flexible, que no se sienta en riesgo al acercarse al otro, a la otra.
- Para construir una relación íntima es necesario aprender a aceptar o rechazar con claridad lo que viene del otro. Aprender a decir "sí" y a decir "no" con claridad.
- Aprender a estar con otro implica saber estar con nosotros mismos.
- Enseñemos a nuestros hijos y alumnos que son seres dinámicos, que cambian y se transforman gracias al otro.
- Educar la intimidad implica enseñar a estar cerca y estar lejos, unirse y separarse, contactar y retirarse.
- Para crear relaciones de intimidad con hijos y alumnos, es necesario acortar la distancia, bajarnos del pedestal, despojarnos

- de los roles que nos hacen intocables y asumirnos como seme-jantes.
- Aceptemos que en ese encuentro no sólo el otro será transfor-mado sino también nosotros, porque no es posible un vínculo íntimo que no nos transforme.
- Reconozcamos que cualquier relación íntima tendrá conflictos. Enseñemos a atravesarlos sin negarlos.

UNA EDUCACIÓN PARA TODES

Lo cierto es que si tuviéramos tiempo para hablar,
todos nos declararíamos excepciones. Porque
todos somos casos especiales. Todos merecemos
el beneficio de la duda. Pero, a veces, no hay
tiempo para escuchar con tanta atención,
para tantas excepciones, para tanta compasión.
No hay tiempo, así que nos dejamos guiar por la norma.
Y es una lástima enorme, la más grande de todas.

J. M. COETZEE

Quizá la sola enunciación de ese *todes* del título ya sea incómoda para muchos. "Suena mal", dirán. "Es una exageración", dirán. "Para algo está la gramática", dirán. Sí claro, hay reglas gramaticales, pero quizá olvidamos que la gramática es una construcción nuestra, y que podemos cuestionarla. Y algo aún más importante: ¿no será también que la gramática, el lenguaje, las palabras, son construcciones que nos hacen ver la realidad de cierta manera? Creamos un lenguaje, es cierto, pero también el lenguaje nos crea. Una vez más la creación mutua: crear y ser creados por lo que creamos.

La revolución en curso es también una revolución en el lenguaje. Pero el lenguaje no es sólo descriptivo, tiene la fuerza de producir la realidad, de instituir nuevos sujetos políticos, de producir violencia o atenuarla. Así que me interesa todo proceso de cambio de lenguaje que obligue a desnaturalizarlo y por lo tanto que permita introducir agencia, creatividad. Si queremos modificar el heteropatriarcado todo tiene que cambiar: los nombres y los pronombres, los verbos, los adjetivos. Necesitaremos una nueva gramática[...]. (Preciado en Hugo Hinojosa, 2019)

Así lo dice Paul B. Preciado con su hermoso modo de poner todo patas arriba. Y así es. Las palabras no sólo nombran el mundo, también lo crean, quiero decir, crean un modo de verlo o un lugar particular desde el cual miramos o dejamos de mirar. Cuando el lenguaje sólo nombra a la mitad de las personas invisibiliza a la otra mitad. ¿Qué hay atrás de ese lenguaje y de esa gramática?

Hablemos de educación sexual y de cómo los temas de género son parte central. No sólo eso: hablar de género es urgente.

¿Qué es eso a lo que llamamos *género*?

El género es una construcción simbólica y social que contiene el conjunto de atributos, papeles, funciones, deberes y prohibiciones asignados (por mecanismos de poder) a las personas a partir de su sexo. Impone significados del ser mujer u hombre en una cultura determinada.

Y no es inocente. Como hemos dicho, tales atributos son asignados por mecanismos de poder que buscan regular el espacio social y las relaciones entre las personas manteniendo los privilegios de unos a costa de las otras. Más que una construcción hecha es una construcción haciéndose continuamente, replicándose y permeando todas las áreas de la vida. Está en todos lados y está siempre: en la familia, en la escuela, en el trabajo, en las iglesias, en la política, en los medios de comunicación, en cualquier espacio social, y sin duda también en las escuelas, desde preescolar hasta la universidad; es importante no olvidarlo. Normalmente nos *rigidiza* y limita nuestras posibilidades, creando relaciones inequitativas que en ocasiones llegan incluso a diferentes formas de violencia. Justo por estar siempre y en todo los espacios podemos dejar de atender a ello y habituarnos a este discurso; quizá éste es su mayor peligro: acostumbrarnos de tal modo que nos parezca que las cosas son así y que no pueden ser de otro modo; podemos incluso justificar, replicar y transmitir esta construcción inequitativa y violenta.

Repetiré algo que dije antes: si bien algunas cosas han cambiado no son suficientes de ningún modo. En mi país las mujeres son asesinadas por ser mujeres. Eso bastaría para darse cuenta de la urgencia de una educación diferente. No sólo eso: en prácticamente todo el mundo las mujeres ganan menos que los hombres por trabajos iguales, tienen menos espacios en la política, la empresa, las iglesias, la academia; son más pobres que los hombres, sufren más violencia. ¿De qué modo participan las instituciones educativas, especialmente la familia y la escuela, y, me gustaría también decir, nuestras familias y nuestras escuelas, en la fabricación y replicación de este modelo injusto?

Con mucha frecuencia la familia y la escuela son espacios donde se refuerza el sistema heteropatriarcal, los roles estereotipados, y donde se ejerce discriminación y violencia hacia quien pretende salirse de la norma. De nuevo las palabras de Preciado me despiertan:

La escuela no es simplemente un lugar de aprendizaje de contenidos. La escuela es una fábrica de subjetivación: una institución disciplinar cuyo objetivo es la normalización de género y sexual [...] Fuera del ámbito doméstico, el colegio es la primera institución política en la que el niñx es sometido a la taxonomía binaria del género a través de la exigencia constante del nombramiento e identificación normativos. (Preciado, 2019: 188)

¿Cómo ocurre esta normalización y esta exigencia?

Toda educación es sexual, dice Graciela Morgade (2011: 187). Más allá de que las escuelas deban incluir en sus programas temas sobre sexualidad o que en las familias llegue el momento de hablar a los hijos de ese tema, la sexualidad está presente siempre, aun sin ser plenamente conscientes de ello. "En todos los procesos educativos se producen, transmiten y negocian sentidos y saberes respecto a la sexualidad y las relaciones de género. En este sentido, la educación no puede no ser 'sexual'" (Morgade, 2011: 187). En las clases de matemáticas o ciencias sociales, en las canciones que aprendemos en preescolar, en el modo como se convive en los recreos, en los uniformes, en la forma de ejercer la disciplina está sucediendo una educación sexual. En la división de tareas en la casa, en las "buenas maneras", en el contacto físico entre padres e hijos, en los festejos familiares, en las relaciones cotidianas está sucediendo una educación sexual. "La sexualidad estaba y está en todas partes porque es una dimensión de la construcción de la subjetividad que trasciende ampliamente el ejercicio de la genitalidad o una expresión de la intimidad" (ibídem: 10).

Y es que nuestros alumnos y nuestros hijos aprenden de sexualidad no sólo de lo que decimos y explicamos al respecto, sino de lo que ven, de lo que viven cotidianamente, de lo que encuentran en los medios de comunicación y en internet, de los intercambios con los otros día a día. Por supuesto es necesario hablar de sexualidad y cuestionar la inequidad de género en la casa y en la escuela, pero no basta. ¿Qué tipo de relaciones establecemos que influyen mucho más que lo que decimos? En este tema, como en muchos otros, no sólo importa lo que enseñamos, sino *cómo* lo enseñamos. ¿Qué sentido tiene hablar de equidad de género dentro de instituciones que replican cotidianamente la injusticia, la separación, el autoritarismo?

Vayamos a la realidad cotidiana del colegio, del salón de clases. Recordemos cómo son las cosas allí. ¿Qué ocurría cuando llegaba alguien diferente, alguien que no se adaptaba al rol que se esperaba de él o ella? En mi historia hay un niño, era bastante menor que yo, no tengo idea de su nombre. No le gustaban los deportes bruscos, iba muy arreglado, su voz y sus maneras parecían "femeninas", si nos apegamos a ese estereotipo. Día a día sufría discriminación y violencia, burlas, apodos, exclusión. También recuerdo la actitud de los docentes ante aquel niño. Trataban de evitar que lo agredieran, es cierto, pero todo el tiempo deseaban cambiarlo, "masculinizarlo", normalizarlo. Es decir, todos, incluyendo la institución, aceptaban que aquel niño estaba mal, defectuoso, enfermo. Los otros niños lo agredían y los docentes intentaban "curarlo", con lo que reafirmaban la idea de inadecuación. ¿Conociste a alguien así? Muy posiblemente sí. ¿Qué fue de aquel niño?, me pregunto muchas veces; ¿con qué heridas creció? Heridas hechas en un espacio del que se esperaría protección y cuidado. ¿De verdad las cosas han cambiado?

El colegio es una fábrica de machitos y de maricas, de guapas y de gordas, de listos y de tarados. El colegio es el primer frente de la guerra civil: el lugar en el que se aprende a decir 'nosotros no somos como ellas'. El lugar en el que se marca a los vencedores y los vencidos [...] Qué importa los idiomas que se enseñen si la única lengua que se habla es la violencia secreta y sorda de la norma. (Preciado, 2019: 188)

Es brutal, pero creo que es cierto.

El mismo Preciado hace referencia a un estudio reciente hecho en Francia (ibídem: 189), en el que se concluyó que los dos insultos más frecuentes en las escuelas eran "maricón" para los hombres y "puta" para las mujeres. Estoy prácticamente seguro de que el mismo estudio daría resultados iguales en México, y en muchos otros países. Párrafos atrás hablé del poder de las palabras. Aquí está de nuevo. Son sólo dos palabras, unas cuantas letras o sonidos juntos, pero son poderosísimos mecanismos de control y regulación de la sexualidad. ¿Cuántos deseos, actitudes, movimientos censuramos para no pasar la línea, ésa que nos haría merecedores de alguno de esos adjetivos? ¿Qué tanto nos volvemos cómplices en la vigilancia y el señalamiento a quien se atreve a cruzarla? Lo más complicado es que esa línea ni siquiera es clara, sino ambigua y cambiante. Ser merecedores del adjetivo "maricón" o "puta" puede depender de la altura de una falda, del gusto o no por ciertas actividades, del tono de la voz, de la manera como nos movemos, de hasta dónde aceptamos algunas caricias. La poca claridad de la línea la hace aún más violenta y restrictiva.

La construcción inequitativa del género y la heteronormatividad están presentes en muchas instituciones educativas y, sin duda, en la familia y la escuela. Se enseña y se construye una masculinidad hegemónica desde la cual parte todo y que es medida de todo; que existe en oposición al otro o a la otra, al diferente, es decir, las mujeres y los homosexuales.

Lo que llamamos heteronormatividad es la heterosexualidad históricamente construida como lo natural, legítimo, respetable, legal, sano y visible. No es raro entonces que, de modo abierto o implícito, se enseñe y se (re)produzca la heterosexualidad obligatoria, la misoginia, el sexismo, la homofobia.

Ante esta realidad tenemos que plantearnos seriamente cómo educar con *perspectiva de género*. ¿A qué me refiero con eso? La *perspectiva de género* parte de la idea de que mujeres y varones no somos seres dados, eternos e inmutables, sino sujetos históricos que nos construimos constantemente en nuestra relación con el entorno y que al hacerlo también construimos y transformamos ese entorno. Esta perspectiva se opone a la idea de que existe una masculinidad o una femineidad esenciales. Cada mujer no es *la* mujer y cada hombre no es *el* hombre.

La *perspectiva de género*, además, critica esa hegemonía masculina que excluye e invisibiliza a la mujer y a lo femenino. Busca otras maneras que las ya conocidas, más equitativas y justas, donde la diferencia no sea sinónimo de desigualdad. Se trata, creo, de cuestionar estos estereotipos, para empezar, en nosotros mismos y partir de una pregunta que me parece necesaria en el espacio de la educación: ¿en qué medida las identidades rígidas y desiguales facilitan o dificultan la satisfacción de nuestras necesidades y la realización de nuestras aspiraciones y nuestro sentido de vida? ¿En qué medida la heterosexualidad como obligación nos amplía o nos disminuye?

Sin duda muchos educadores, padres, docentes, directivos dirán (o diremos) que no es así en su caso, que promueven la equidad de género, la inclusión y el respeto a la diferencia. Ojalá sea así; sin embargo, la situación es más compleja.

Si bien éste es un objetivo importante, la educación puede ir aún más allá si nos atrevemos. ¿Vamos?

Dice Graciela Trujillo que "la propia construcción del género como algo binario es ya en sí misma una violencia que genera múltiples exclusiones" (Trujillo, 2015). ¿Qué significa esto? Por supuesto que es grave pensar en una educación que enseña y replica la superioridad de lo masculino sobre lo femenino o que excluye todo lo que no sea heterosexual (y esa educación sigue existiendo). Otra posibilidad, como ya dije, es una educación que promueva la equidad de género e incluya a las personas con diferentes orientaciones sexuales. Sin embargo, tampoco es suficiente, pues de nuevo se juega a partir del modelo binario que nos ofrece sólo dos posibilidades. La inclusión no basta, especialmente cuando para incluir al otro pretendemos que encaje en alguno de nuestros moldes (masculino-femenino, hetero-homo). ¿Es que sólo se puede ser masculino o femenino? ¿Sólo hetero u homosexual? ¿Y dónde poner a las personas que no caben o no desean caber en alguno de esos binomios? Desde este punto de vista, la educación tiene que abrir en lugar de cerrar, cuestionar la construcción binaria y abrirse a nuevas formas de identidad. Es decir, no basta con enseñar a respetar, incluir y generar relaciones equitativas entre una identidad y la otra, sino cuestionar esa forma siempre dual de construir identidades y plantearse la posibilidad de otras. Educar así es abrir la posibilidad a desidentificarse (es decir, salir de las identidades fijas) para reinventarnos y asumir que la identidad es una creación que cambia si así lo queremos. Es una creación constante.

Educar la sexualidad, en el sentido más libre del término, es ayudar a salir de los moldes, de cualquier molde, para ampliar las posibilidades de lo humano. ¿De cuántas formas podemos ser, además de esas pocas que hemos establecido como válidas? ¿Qué tanto podemos inventarnos y reinventarnos? ¿Cuánta variedad cabe en lo humano?

¿Suena aventurado? Lo es. Perturbador e inquietante. "¿Por qué son tan incómodos los cuerpos, deseos y sexualidades no heteronormativos en educación? —se pregunta Graciela Trujillo—. Porque cuestionan todo el andamiaje" (Trujillo, 2015). No sólo de la sexualidad, diría yo, sino de nuestro modo de entender la realidad. Aventurado, sí. ¿Utópico? Quizá. Aun así elijo ponerme de este lado, pues como dice Paul B. Preciado: "Mis simpatías están siempre de lado de la ruptura, de la transformación, de la explicitación en forma real de aquello que todavía no puede ser expresado de manera política o legal. Por la ontología de lo imposible" (Preciado, 2019: 284).

Acepto que el reto es enorme, porque estoy hablando de que la escuela y la familia sean espacios críticos cuando tradicionalmente han sido lo contrario: espacios de control, normalización y sanción. Escuela y familia suelen ser aparatos ideológicos que habilitan lo normal, lo enseñan, lo promueven y desalientan lo que no lo es. ¿Cómo cuestionar una institución desde la propia institución? Cuando lo digo me parece casi imposible, pero luego pienso que ambas instituciones están formadas de personas, y las personas sí que pueden cuestionarse y transformarse. ¿Y si empezamos por nosotros, los educadores? ¿Qué se mueve en mí ante lo diferente? ¿Qué hay en mí más allá de lo masculino o femenino, de lo hetero o lo homo? ¿De qué otras formas puedo ser? ¿Qué tan rígida es mi idea de identidad? ¿Qué tanto me cuestiono a mí mismo(a) y me arriesgo a probar algo nuevo? ¿Qué aspectos de mi sexualidad me son desconocidos?

Como ya dije, no es cosa de sólo cambiar contenidos o agregar materias o sentarse de vez en cuando a hablar alrededor de la mesa. El cómo se vuelve central. Una educación en la que predomina y reina lo intelectual sobre lo corporal y lo emocional, donde predomina la competencia sobre la cooperación y la solidaridad, donde predomina lo individual sobre lo colectivo, lo objetivo sobre la subjetividad, la autoridad sobre la experiencia, es, de algún modo una educación "masculinizada" que ha hecho de lado o minimiza las otras posibilidades. Es decir, podemos hablar de género o de identidades o de orientaciones sexuales o de libertad, pero si lo hacemos inscritos en un sistema como el mencionado antes seguiremos replicando modos patriarcales y heteronormativos.

Nuria Pérez de Lara lo dice así: aún tenemos una educación que está hecha para el Uno, el hombre. Y aunque en la práctica haya lugar para las mujeres, siguen siendo las Otras en la balanza. Y lo mismo podríamos decir de otros Otros dejados de lado: personas con diversidad funcional, personas que salen de la normativa sexual, por ejemplo. Replicamos, dice, el orden paterno (razón, autoridad, conocimiento) y desechamos lo que muy posiblemente fue nuestra primera experiencia educativa y civilizadora: la relación amorosa con una mujer, que nos tocaba, nos cantaba, nos acogía y creaba un lugar habitable, un nosotros. Pero el Otro, la Otra, ha seguido allí, aunque sea oculta. "Que el Uno no lo ha ocupado todo es otro modo de decir que el Otro (las otras, los otros) siempre estuvieron allí" (Pérez de Lara, 2009).

Quizá ya es momento de mirar más allá del Uno. Y hacer espacio para que en la educación sexual quepamos todos: los otros, las otras y, sí, también los *otres*.

Migajas en el camino

- Démonos cuenta de que el lenguaje no sólo nombra la realidad, también nos hace percibirla de cierta manera.
- ¿No será que cuando el lenguaje sólo nombra a la mitad de las personas invisibiliza a la otra mitad?
- No es posible una educación sexual ética sin hablar y cuestionar nuestras ideas acerca del género.
- Podemos acostumbrarnos a las construcciones de género inequitativas y violentas de tal modo que acabamos creyendo que las cosas son así y no pueden ser de otro modo. Incluso podemos mantenerlas y transmitirlas.
- "En todos los procesos educativos se producen, transmiten y negocian sentidos y saberes respecto a la sexualidad y las relaciones de género. En este sentido, la educación no puede no ser 'sexual'".
- En las relaciones cotidianas está sucediendo una educación sexual.
- ¿Qué sentido tiene hablar de equidad de género dentro de instituciones que replican cotidianamente la injusticia, la separación, el autoritarismo?
- Cuestionemos la idea de que la heterosexualidad es lo natural, lo legítimo, lo respetable, lo legal, lo sano. ¿No es también una construcción social?
- Revisemos cuántas veces y de qué manera reproducimos la idea de la heterosexualidad obligatoria, la misoginia, el sexismo, la homofobia en nuestros espacios educativos. Eso implica revisar el propio sexismo, la propia misoginia y la propia homofobia.
- Eduquemos con perspectiva de género, asumiendo que mujeres y varones somos seres históricos y construidos socialmente.
- Visibilicemos a las mujeres con nuestras palabras y nuestros actos.

- La inclusión no basta, especialmente cuando para incluir al otro pretendemos que encaje en alguno de nuestros moldes (masculino-femenino, hetero-homo).
- La educación sexual ética cuestiona la construcción binaria y propone abrirse a nuevas formas de identidad. No basta con enseñar a respetar, incluir y generar relaciones equitativas entre una identidad y la otra, sino cuestionar esa forma siempre dual de construir identidades y plantearse la posibilidad de otras.
- Empecemos por hacernos preguntas: ¿qué se mueve en mí ante lo diferente? ¿Qué hay en mí más allá de lo masculino o femenino, de lo hetero o lo homo? ¿De qué otras formas puedo ser? ¿Qué tan rígida es mi idea de identidad? ¿Qué aspectos de mi sexualidad me son desconocidos?
- Intentemos una educación en la que se incorpore lo emocional y lo corporal, en la que haya lugar para la cooperación, la solidaridad, lo colectivo, la subjetividad, la experiencia, la ternura.

CUERPOS INSUMISOS

Lo más profundo es la piel.
PAUL VALÉRY

Somos cuerpos entre cuerpos. Somos cuerpos grandes o pequeños, de colores diferentes, de diferentes edades; cuerpos nuevos, acabados de llegar al mundo y cuerpos que viven sus últimas horas. Somos cuerpos poderosos y también cuerpos frágiles y vulnerables. Somos cuerpos sanos y enfermos; cuerpos con capacidades diferentes, con diferentes bellezas; somos cuerpos que sufren y que gozan. Somos cuerpos mortales, que estarán sólo por un tiempo, y que luego dejarán de estar.

Nuestra sexualidad, la sexualidad que somos se expresa a través del cuerpo. Es verdad que en la sexualidad humana hay emociones, historias, recuerdos, fantasías, introyectos, prohibiciones, vínculos, amores…, pero inevitablemente todo eso es expresado a través del cuerpo. De hecho no hay ninguna experiencia humana, por espiritual que sea, que no pase por el cuerpo. Y sin embargo, a veces, parece que lo olvidamos o que intentamos olvidarlo. Lo sepultamos entre palabras, ideas, teorías, explicaciones. Es verdad que también somos seres hechos de lenguaje, de palabras, pero eso no significa que nuestro lenguaje quede deshabitado, palabras sin un cuerpo que las sostenga. "Y es que hoy, ahora mismo, hay ausencia demasiada de los cuerpos. Demasiadas palabras que ocupan el espacio de tu mano, de mi mano, de las manos. Demasiadas palabras orgullosas de sí mismas, de lo mismo. Demasiadas palabras sin cuerpo que las soporten, que las acaricien, que las enciendan" (Skliar, 2005: 55).

Vivimos en una cultura que hace una radical separación entre cuerpo y mente. De algún modo esta separación es heredera de aquella otra separación, antigua, entre cuerpo y alma. Esta ideología considera que el alma es un principio superior al cuerpo, y que para ser realmente lo que somos (alma) habría que someter al cuerpo, reprimirlo. "De la mortificación y el castigo del cuerpo a la aplicación regular de dietas o ejercicios físicos: son formas de amoldar nuestro cuerpo a una idea" (Torras, 2007: 16). El cuerpo, la carne, es una suerte de enemigo que limita las posibilidades del alma.

Hoy, en muchos espacios se habla menos del alma y más de la mente, pero la separación se mantiene. Somos nuestra mente, somos quien piensa y quien habla, alguien "dentro" de un cuerpo. El cuerpo sigue considerándose algo que tenemos y no lo que somos.

No tenemos un cuerpo, como una posesión, somos cuerpo. Más que eso, mi cuerpo es mi situación. Nuestra situación no es sólo el lugar en donde estamos, nuestro contexto, un espacio-tiempo específico y presente, sino también nuestra corporalidad. Nos conocemos por la mirada. Vemos cuerpos y somos vistos como cuerpos; a través del cuerpo estamos siempre expuestos. El cuerpo siempre es ahora y aquí. El cuerpo es el lugar del nacer y del morir, del placer y del dolor. A través del cuerpo sentimos el mundo, pero también es por nuestro cuerpo que somos sentidos. Es presencia en el mundo. "El modo de habitar el mundo es, entonces, a través de los gestos de nuestros propios cuerpos. Somos pura presencia en el mundo en, por y a través del cuerpo que habitamos y nos habita" (Bárcena, 2003: 158).

Podemos dar un paso más: "Más que tener un cuerpo o ser un cuerpo, nos convertimos en un cuerpo" (Torras, 2007: 20). Pero ¿qué significa esto? ¿No somos/tenemos un cuerpo desde la concepción? Lo somos/tenemos, es cierto, pero el cuerpo no es algo fijo y terminado, sino que va haciéndose, rehaciéndose, transformándose momento a momento en relación con el mundo y con otros cuerpos, y sin duda en los espacios educativos, en la escuela y en la familia. Nuestro cuerpo va adquiriendo capacidades, movimientos, pautas crónicas, tensiones, bloqueos, que modifican su estructura; y, al modificarla, transforman también nuestra experiencia del mundo. "¿Qué mundo puedo tener desde el cuerpo que soy?", se pregunta Merleau-Ponty. Y es que percibimos el mundo desde el cuerpo que somos; el cuerpo que somos nos pone en el mundo de una forma particular, y actuamos sobre el mundo según ese cuerpo. Existimos ante la mirada de los otros, la mirada de los otros nos da existencia, y si hablamos de mirar y de ser mirados hablamos de cuerpos. Somos cuerpos ante y entre otros cuerpos. Nos guste o no. "Ser cuerpo —dice Judith Butler— es ser entregado a otros" (2001: 40).

Pero también está la otra parte: el cuerpo no es sólo cuerpo, también es depositario de significados culturales, religiosos, científicos. Nuestros cuerpos (como nuestra sexualidad) son moldeados, bloqueados, interrumpidos, anestesiados, censurados y discriminados en el encuentro con el mundo y con los otros, en la familia y en la escuela. Hay toda una maquinaria social que, a través de la introyección, domestica nuestros cuerpos e intenta adaptarlos a moldes rígidos y a veces asfixiantes, que censura y castiga los cuerpos que escapan a ese molde. Nuestros cuerpos son rehenes de esa maquinaria. Y no es casual: Michael Foucault dirá que el objetivo de este disciplinamiento es crear cuerpos dóciles y sometidos, que puedan ser dominados y controlados por el poder (Foucault, 1995: 141-142).

¿Qué ocurre con el cuerpo en el espacio educativo? Y cuando digo cuerpo digo también voz, mirada, gesto, movimiento.

En la escuela y en la casa se nos enseña cómo usar el cuerpo, aunque no siempre sea una enseñanza explícita. Suele haber filas, espacios entre los alumnos, incluso a veces separación física entre mujeres y hombres, listos y tontos. Se aprende a marchar, a estar firmes. Y con mucha frecuencia se aprende también cierta inmovilidad (estar quietos), cierta mirada (mirar al frente, al pizarrón o al profesor), ciertos uso de la palabra (guardar silencio hasta que te den permiso de lo contrario). En todo ello hay un disciplinamiento de los cuerpos, una subordinación del cuerpo al sistema.

Tienes literalmente que poner el culo en el círculo. Es un tipo de educación que es política y sexual: este cuerpo pertenece a este espacio aquí y ahora y de esta manera. Si te mueves para un lado o para otro eso es desobediencia [...] eres llamado de una manera, te sientas de una manera, levantas la mano, aprendes todos esos modos de performatividad corporal para aprender cómo ser [...] Está también regulado el uso de la voz: cuán ruidoso puedes ser, cuán suave debes ser, la modulación de la voz. (Butler en Giuliano, 2015)

Butler dice también: "Un cuerpo dócil es manipulable. Es un cuerpo al que se le obliga una serie de actitudes, comportamientos y gestos para ser explorado y recompuesto [...] La escuela aún asume el cuerpo desde una perspectiva disciplinaria" (Butler en Giuliano, 2015).

Desde donde yo alcanzo a ver hay dos formas básicas de esta domesticación del cuerpo que limitan, obstaculizan, lastiman el ejercicio de una sexualidad plena. Por un lado, la construcción de género que se vuelve cuerpo; y por otro, los estándares de belleza y de normalidad que excluyen miles de cuerpos.

Efectivamente, el género se manifiesta en todas las áreas de la vida de una persona: afectividad, lenguaje, subjetividad, sentido de vida, erotismo, economía... y sin duda en el cuerpo. En este sentido, las ideas de Iris Marion Young (que tienen su base en Merleau-Ponty) son no sólo interesantes, sino también perturbadoras. Desde su punto de vista no sólo hay un cuerpo-mente y un cuerpo-mundo, también hay un cuerpo-género. En otras palabras, el discurso patriarcal se expresa a través de los cuerpos: gestos, distancias, miradas; y modifica (o produce) cuerpos.

El trabajo de Young al que hago referencia (2005: 27-45) retoma una investigación de Erwin Straus en la que se observa y describe fenomenológicamente el cuerpo y el movimiento en un grupo de niños y niñas, para encontrar lo que les caracterizaba. Los observó al lanzar una pelota. Lo que concluye sobre el movimiento de las mujeres es inquietante: falta determinación, contundencia y confianza al realizar tales movimientos; proyectan tareas físicas pero luego inhiben la intención y la detienen; concentran su fuerza en una parte del cuerpo, en lugar de vivirlo como una unidad, no comprometiéndolo todo en la tarea. El cuerpo, concluyó, no se experimenta como fuerza creadora; por el contrario, es moldeado según la expectativa externa.

Lo que digo no es superficial, no se limita a poder o no hacer ciertos movimientos: hablo de nuestra forma de habitar el mundo y de relacionarse con los otros. Nuestros cuerpos y nuestros movimientos nos ponen de determinada forma en el mundo; son, como ya dijimos, nuestra situación. De esto depende nuestro modo de hacernos sitio en la vida, nuestro modo de ocupar el espacio, nuestro modo de ir hacia lo que queremos. Un cuerpo detenido o inhibido toma menos del mundo, *está menos* en él.

Por el contrario, el cuerpo masculino, sus movimientos, lo ponen en el mundo, ocupando su lugar, incluso luchando interminablemente por él, siempre visible, siempre hacia fuera.

Young encontró, además, que la mirada masculina objetiviza el cuerpo de las mujeres sin que ellas puedan devolver la misma mirada o tener una imagen distinta de la que se les atribuye.

Hemos creado socialmente y desde lo educativo cuerpos femeninos que tienen menos recursos para hacerse lugar en el mundo, cuerpos que se inhiben por un lado y por otro se convierten en objetos que se exhiben y pueden ser usados, manipulados, desechados, intercambiados.

Hemos creado socialmente y desde lo educativo cuerpos masculinos desensibilizados y ajenos a sus emociones y a su vulnerabilidad, cuerpos que se exponen al peligro, se arriesgan, se violentan y se exigen hasta poner en riesgo su salud.

Por otro lado, están los estándares de belleza y de normalidad que determinan qué cuerpos son válidos y cuáles no, qué cuerpos son bellos y cuáles no, qué cuerpos son dignos de amor y cuáles no. De nuevo, no es algo superficial. Cotidianamente me encuentro con mujeres y hombres cuya sexualidad está limitada seriamente porque asumen que su cuerpo no es bello, no es deseable, y si no es bello ni deseable tampoco es merecedor de placer o de amor. Personas que evitan mirarse al espejo porque les duele lo que miran. ¿Dónde aprendimos eso?

Según los estándares de belleza, los bellos son unos pocos. Para acercarse a ellos es necesario ser diferentes a como somos. Hay en esta exigencia una especie de dictadura que se impone y que se obedece sin mostrar resistencia. También es cierto que esta exigencia es más constante en las mujeres que en los varones. Por supuesto, los hombres la vivimos, pero para la enorme mayoría de las mujeres es un tema siempre presente.

El cuerpo, sobre todo el femenino, sólo es válido si se somete a esos parámetros. ¿Y qué decir de los otros cuerpos, de los *cuerpos otros*, de esos cuerpos que no sólo no se adaptan a los estándares de belleza sino tampoco a los de normalidad? Hablo de los cuerpos que el poder llama "discapacitados", cuando en realidad sólo son diferentes. Cuerpos que se excluyen, se evitan, se silencian; quizá porque nos recuerdan nuestra fragilidad y dependencia, porque nos presentan una imagen intolerable de lo humano, porque nos confrontan con nuestros límites.

Y es que estos cuerpos, al ser diferentes, quedan excluidos de la estética de la normalidad. No caben, no tienen lugar en la belleza, y, por lo tanto, tampoco en el ejercicio de la sexualidad. Exiliamos esos cuerpos. Los prohibimos. "Podríamos decir, el poder estructura el campo visual y allí ciertos cuerpos son estigmatizados o borrados, recordemos esto. El poder puede borrar cuerpos y tornarlos invisibles o estigmatizarlos" (Butler en Giuliano, 2015).

Nos convertimos en cuerpo entre otros cuerpos. Nos convertimos en cuerpo al introyectar las exigencias y prohibiciones de nuestro entorno, de la escuela y de la familia. Pero ¿en qué cuerpo nos convertimos? ¿En uno abierto, sensible, despierto, que va al encuentro y ocupa su lugar en el mundo; o en uno limitado, censurado, exiliado, que pareciera que debe pedir permiso para estar en la vida, que se ha convertido en objeto?

Me gusta la invitación de Lucrecia Masson a revelarnos, a encontrar nuevas formas de ser cuerpos, formas indómitas y disidentes. Me conmueve su invitación a volvernos "visibles, desobedientes, disidentes de la norma que nos impone una sociedad que estandariza y controla cuerpos y deseos, que define lo bello y lo sano [...] Es necesario atentar contra la matriz que nos organiza corporalmente. Desnudar el artefacto que nos construye en tanto cuerpos, en tanto territorios donde se inscriben lecturas. Es necesario desafiar esas lecturas y crear, imaginar, fantasear, inventar nuevos relatos" (Masson, 2014).

¿Cómo hacer posible este desafío en nuestros espacios educativos?

En primer lugar, pienso en la necesidad de cuestionar en vez de acomodarnos a lo que ocurre. Hacernos preguntas: ¿para qué hacemos lo que hacemos? ¿A quién sirve?

No quiero decir que no se ponga ningún límite en los espacios educativos. Supongo que ciertos límites nos aclaran y facilitan el camino; son apoyo y nos dan sostén. Lo que propongo es detenernos un momento a explorar la razón de esos límites y si realmente tienen sentido. ¿Por qué las niñas deben usar falda mientras que los niños usan pantalón? Parece simple pero no lo es: la falda restringe el movimiento, obliga a las niñas a tener cierta postura (más rígida, menos natural). ¿Qué estamos diciendo a través de una norma así? ¿Para qué caminar haciendo una fila de chico a grande? ¿Para qué estar a cierta distancia? ¿Es necesario estar siempre sentados en el aula? ¿Se tiene que saludar a cada persona en una reunión familiar? ¿Qué tan largo puede llevar el cabello un niño? ¿Por qué no se debe gritar? ¿Y cuándo sí se debe? Me parece importante hacernos esas preguntas en lugar de sólo replicar lo que hicieron con nosotros. ¿Estos límites y normas son útiles para los alumnos, para los hijos? ¿O son útiles para mí? ¿O para nadie?

También me parece necesario hacer espacio a lo corporal en los centros educativos. ¿Por qué suele darse mucha mayor importancia a las matemáticas que a la danza, por ejemplo? ¿Qué otros aprendizajes podemos integrar que permitan la expresión libre del cuerpo? ¿Por qué no abrir espacios a la expresión corporal, al yoga, al tai chi, a otras formas de movimiento? Dice Fernando Bárcena: "Hacemos poéticamente obra en nuestro propio cuerpo pero no para domesticarlo, ni para conquistarlo definitivamente, no para doblegarlo o disciplinarlo ni someterlo sino para liberarlo, para dejarlo ser" (Bárcena, 2003:158).

Pero no sólo eso: ¿qué sucede en nuestros cuerpos mientras aprendemos? ¿Qué sensaciones hay cuando descubro algo? ¿Qué emociones aparecen ante la dificultad o el error? ¿Cómo late mi corazón o se modifica mi respiración o se transforma mi postura cuando debo hablar frente al grupo o cuando nace un hermano?

Se trata de salir de ese lugar exclusivamente racional al que nos lleva la institución educativa a medida que crecemos. Parece ser que en preescolar hay espacio para el cuerpo, para moverse, bailar, mancharse las manos, tocar cosas y que conforme crecemos el cuerpo es exiliado de los espacios educativos y apelamos sólo a lo intelectual. ¿Y si promovemos una educación distinta? Dar voz al cuerpo y enseñar a escucharla. Sintiéndolo, moviéndolo, explorándolo. Porque nunca será lo mismo decir acerca del cuerpo que dejar que el cuerpo diga.

> Una educación poética del cuerpo ha de problematizar los enfoques tradicionales de la educación que instrumentalizan, tecnifican y dominan racionalmente el cuerpo y dejan de lado otras formas de expresión como lo sensible, las pasiones, los afectos y las emociones [...]
>
> Darle otro lugar al cuerpo en la educación en cuanto se reconozcan como educativas las experiencias corporales, las afecciones de dolor, fragilidad, vulnerabilidad, diferencia; las pasiones tristes y alegres, las sensaciones, las percepciones, lo sensible; la palabra que no sólo se sostiene en el logos racional, sino también en la palabra sensorial, sensible y afectada, es decir, donde resuene educativamente lo que puede el cuerpo. (Gómez, Gallo y Planella, 2017)

Ahora bien, me parece que esto no puede ocurrir si el cuerpo del educador, padre, madre, docente no entra también en juego. Porque no sólo quien aprende está allí con su cuerpo, con su fragilidad, con su sensibilidad, con su piel; el educador también es cuerpo, igual de frágil y sensible, igual de expuesto. ¿Podemos dejarnos guiar también por lo que sentimos, por nuestros temblores, por nuestra alegría o tristeza, por nuestra respiración? ¿Podemos relacionarnos desde esta cercanía con nuestros alumnos e hijos? Hemos dicho que la educación ética es una forma de relación. Decimos ahora que nuestro cuerpo es lugar de relación. "El lugar del cuerpo es la relación y los indicios para que la vida en la escuela sea una experiencia con sentido se hallan en esa posibilidad de poner el cuerpo en esas relaciones" (Brailovsky, 2015).

¿Cómo podríamos crear una relación auténtica sin nuestro cuerpo puesto y expuesto en esa relación?

Una cosa más: no hay educación sexual completa sin la presencia de los cuerpos. Y no se trata de que enseñemos a los cuerpos ciertas prácticas sexuales, no. Lo que creo es que en la medida que educamos para ampliar las posibilidades del cuerpo, su expresión, su libertad; cuando cuestionamos los estereotipos que invalidan ciertos cuerpos; cuando descubrimos que cada cuerpo puede ser bello y completo como es; cuando nos permitimos ser cuerpo y que nuestro cuerpo hable en el abrazo, en la caricia, en el juego, estamos enriqueciendo la sexualidad de los alumnos, de los hijos y la nuestra.

Migajas en el camino

- No olvidemos que somos cuerpo. No hay ninguna experiencia humana, por espiritual que sea, que no pase por el cuerpo.
- El cuerpo no es algo fijo y terminado, sino que va haciéndose, rehaciéndose, transformándose momento a momento en relación con el mundo y con otros cuerpos.
- Detengámonos a pensar hasta qué punto educamos domesticando los cuerpos de hijos y alumnos, intentando adaptarlos a moldes rígidos y censurando los cuerpos que escapan a ese molde.
- ¿Qué enseñamos sobre el cuerpo de modo implícito e indirecto, más con nuestras actitudes que con nuestras palabras? ¿Qué diferencia hacemos entre los cuerpos de mujeres y varones? ¿Qué impacto tiene esa diferencia?

- Cuestionemos y rebelémonos contra los estándares de belleza y normalidad. ¿De dónde vienen? ¿A quién sirven?
- Intentemos una educación que ayude a construir cuerpos abiertos, sensibles, despiertos, que van al encuentro y ocupan su lugar en el mundo.
- Preguntémonos si los límites y normas corporales que aplicamos (uniformes, modo de sentarse, tono de voz, largo del cabello, etcétera) son útiles para los alumnos y para los hijos o son sólo una repetición.
- Creemos espacios y experiencias donde dar voz al cuerpo y enseñar a escucharla. Sintiéndolo, moviéndolo, explorándolo.
- No podemos educar lo corporal si nuestro cuerpo como educadores no entra también en juego. ¿Cómo podríamos crear una relación auténtica sin nuestro cuerpo puesto y expuesto en esa relación?

EL HERMOSO SONIDO
DE ALGO QUE SE QUIEBRA

Un maestro es aquel delante de quien
es posible hacerse preguntas.
María Zambrano

Inicio con una frase de Emmanuel Levinas que me parece central y que de algún modo motiva este escrito: "Aprender es resquebrajar la coraza del yo, abrir una fisura en la fortaleza de lo Mismo para dejar que penetre lo otro" (Levinas en Larrosa y Skliar, 2009: 108).

Educar es proponer alteridad, es decir, lo otro, lo diferente, lo no conocido, lo que no somos nosotros. Eso incluye, por supuesto, la educación de la sexualidad. Y si digo alteridad, digo conflicto, porque supone ir a aquello que no conocemos y que nos perturba.

No creo en una educación que intente siempre adaptarse y ser cómoda, que se ofrece como una mercancía de fácil consumo, que tranquiliza y nos hace sentir conformes. Y sin embargo, parece que esto ocurre constantemente: propuestas pedagógicas que buscan "hablar el lenguaje" de los alumnos. Si los alumnos se aburren, hay que darles cosas muy atractivas; si han dejado de leer, mostrémosles imágenes; si están pegados al celular, usemos el celular para enseñar. Sin duda, hay una buena intención en estas propuestas, pero creo que dejan de lado algo esencial: la educación no puede ser un producto que se adapte a los gustos del mercado; por el contrario, es un espacio donde encontrarnos con la diferencia, con aquello que no somos, con lo que nos cuestiona y amplía. ¿Qué alteridad ofrecemos a nuestros alumnos si pretendemos convertirnos en ellos? Si sólo hablamos su idioma no aprenderán otras posibilidades. Justo porque están pegados al celular hay que invitarlos a acercarse a los libros; justo porque están acostumbrados al ruido hay que invitarlos al silencio; justo porque viven frente a una pantalla, hay que invitarlos a mirar al otro y conversar; justo porque viven aprisa hay que invitarlos a la lentitud. Educar supone proponer lo distinto, no dar más de lo mismo. Educar así es lo contrario de un coaching para el éxito o un programa de superación personal.

La educación sexual ética supone, ya dije, una relación, una convivencia que transforme; pero no hay verdadera relación o una convivencia auténtica y profunda sin conflicto. Y si hablamos de sexualidad y sus múltiples formas el conflicto será parte importante. Convivir no es un acuerdo instantáneo sino un mutuo afectarnos. La no afectación suele ser simplemente indiferencia consensuada. Cuando en un espacio educativo hay sólo paz, acuerdo y aceptación posiblemente estamos dejando fuera lo diferente.

Creo en una educación de la sexualidad que cuestiona lo aparentemente fijo y terminado, lo que asumimos como verdad única, o que nos mantiene cómodos en el lugar que elegimos. Me parece que la labor de un educador es salir y ayudar a salir de esa comodidad. De otra forma nos convertimos en colaboradores de un sistema al que lo único que le importa es fabricar futura mano de obra, futuros consumidores, optimistas útiles que encajen y mantengan el sistema. Y en el caso de la sexualidad, nos convertimos en colaboradores del discurso patriarcal y heteronormativo que repite hasta la saciedad más de lo mismo. Hay narraciones que se nos presentan como únicas, como verdad. Pero son sólo narraciones, es decir, un modo de mirar y de contar que, al ser usadas por el poder, se nos venden como absolutas. Y a veces decidimos creerlas o no podemos ver otras opciones. Lo otro, lo diferente, la novedad está ante nosotros, pero en lugar de dejarnos tocar por ello lo desactivamos y lo reacomodamos en lo ya conocido. "A veces vivimos desactivando la extrañeza de lo extraño, lo inédito de lo extranjero" (Bárcena, 2003: 201).

Educar es volver a encontrarnos con lo extraño y ser conmovidos por su extrañeza. Educar también es mostrar que las cosas pueden ser de otra manera, es proponer relatos múltiples, variados, diferentes, para evitar eso que Chimamanda Ngozi Adichie llama "el peligro de la historia única" (2018); que al plantear una sola posibilidad acaba por inmovilizar, congelar e impedir que los alumnos o los hijos integren historias alternativas que amplíen lo que pueden ser. ¿Cuántos relatos nuevos podemos crear juntos? Eso implica salirnos de los tantas veces contados para inventar otros, diferentes, múltiples, nuestros.

Desde este punto de vista, aprender siempre significa desaprender. ¿Cuántas cosas hay que desaprender en sexualidad? ¿Cuántas ideas preconcebidas y no cuestionadas acerca de lo masculino y lo femenino, acerca de lo normal y lo anormal, acerca del sexo como ejercicio del poder, acerca de los estándares de desempeño erótico, acerca del amor romántico, acerca de...? Porque sólo desaprendiendo y cuestionando podemos dejar sitio a lo nuevo. Dice Darío Sztajnszrajber que aprender siempre es salir de una caverna para llegar a otra mayor, de la que luego también tendremos que salir hacia otra. Aprender es salir de lugares fijos. Educar es acompañar esa salida.

La idea de herencia de Derrida me parece importante en esta tarea. Para el filósofo francés, el educador es a la vez el receptor y el transmisor de una herencia de conocimiento. Otros nos han enseñado y hoy nos corresponde enseñar, es decir, pasar la herencia. Pero hay un peligro en esto: transmitir la herencia tal como la recibimos. Al hacerlo, la herencia empobrece. Derrida propone algo diferente: honrar la herencia siéndole infiel. Suena extraño, ¿no? Para él, una herencia se mantiene viva si es cuestionada, interpelada, transformada. Entonces la transmito viva y dinámica. Pero no sólo eso: el educador invita a los alumnos a que cuestionen, interpelen y transformen lo que él les entrega.

Por supuesto que esta forma de pensar en la educación es inquietante. Parece riesgoso e incierto. Lo es. Desde esta mirada las certezas son aún más riesgosas, porque nos instalan en un lugar del que luego es imposible moverse. Y aprender, vivir, es crecer, viajar, cambiar. "No si las certezas sirven para vivir, pero sabemos que han servido para hacer morir en su nombre a los demás", dice Edgar Valiente (2006).

Educar es justo romper las certezas para abrir posibilidades. Sin duda, es una labor desafiante y provocativa, subversiva incluso. Subvierte, es decir, altera y desestabiliza el orden impuesto. Así, el educador es "el que se opone al orden natural de las cosas y propone otro orden o el desorden, otro lenguaje, otra mirada a la del mundo estandarizado y terminado" (Skliar, 2016).

Hablo de una educación sexual que sea acontecimiento, es decir, lo que se apodera de nosotros, nos perturba, nos tumba, rompe la continuidad del tiempo, no nos deja impasibles, da qué pensar. No nos confirma en lo que somos, no es acumulación de más de lo mismo, no es repetición; por el contrario, nos pone en duda, nos quiebra, nos transforma en otro. Nos desidentifica. Nos hace atravesar un umbral (Bárcena y Mèlich, 2000: 61-64).

Esta educación sexual se hace real y viva cuando quien aprende se pone en duda a sí mismo. Ante la novedad se sabe también nuevo, ante la extrañeza extraño. No puede permanecer como está porque lo que sabía y creía ya no es suficiente, ya no cabe allí. Y aunque esa experiencia es inquietante también es hermosa. Algo se está rompiendo, se escucha el sonido de algo quebrándose. ¿Qué es? La idea que teníamos hasta ese momento del mundo, de la sexualidad, del género, de los vínculos, de nosotros mismos. Y de eso que se rompe habrá que crear algo nuevo.

Educar la sexualidad, entonces, para no adaptarnos, para resistir a lo que nos deshumaniza, para cuestionar lo que nos dicen incuestionable, para reafirmar la vida en los dominios de la *necropolítica*, como le llama Preciado, para encontrarnos unos con otros en lugar de sólo competir o usarnos, para habitar el mundo eróticamente en lugar de sólo consumirlo. Esa educación no es una educación complaciente, sino un acto de rebelión. Y es urgente.

Migajas en el camino

- Educamos cuando proponemos alteridad, es decir, lo otro, lo diferente, lo no conocido, lo que no somos nosotros.

- ¿Es auténtica educación la que intenta siempre adaptarse y ser cómoda, la que se ofrece como una mercancía de fácil consumo, que tranquiliza y nos hace sentir conformes?

- Asumamos que no hay verdadera educación ni verdadera relación sin conflicto.

- La labor de un educador es salir y ayudar a salir de esa comodidad de lo ya conocido.

- Educar es volver a encontrarnos con lo extraño y ser conmovidos por su extrañeza. Educar también es mostrar que las cosas pueden ser de otra manera.

- Además de lo que hay que aprender, preguntémonos cuántas cosas hay que desaprender en sexualidad. Porque sólo desaprendiendo y cuestionando podemos dejar sitio a lo nuevo.

- Sí, como educadores nos corresponde transmitir una herencia, pero una herencia se mantiene viva si es cuestionada, interpelada, transformada.

- Invitemos a nuestros hijos y alumnos a cuestionar, interpelar y transformar lo que les enseñamos

HACIA UNA PEDAGOGÍA ERÓTICA

*Y he llegado a la conclusión de que
si las cicatrices enseñan
las caricias también.*
MARIO BENEDETTI

Seamos claros: no es aceptable, no es justificable, no es ética una educación de la sexualidad aburrida, gris, sin vida. Es una contradicción. Una negación de lo que pretende enseñarse. Y a veces se enseña así: términos, gráficas, medidas, diagramas, teorías. Nada que recordar, nada que se guarde en la memoria o en el corazón, nada que nos toque, nos llame, nos transforme. "Ese modo de enseñar donde las potencias de la carne —del maestro y del alumno— se adormecen…" (Gutiérrez en Larrosa, 2005: 43). Pura rutina, palabras difíciles y hastío. Hasta que el final de la clase o del sermón o del discurso —el que parecía que nunca llegaría— llega y nos libera y nos permite volver a la vida. Sí, porque la vida queda fuera, allá lejos, siempre en otro lugar.

¿Qué falta? ¿Qué es eso que debería estar y no está? Supongo que hay muchas posibles respuestas, pero en este momento pienso que lo que falta no es conocimiento, sino creatividad, contacto, encuentro, acontecimiento, novedad, atracción, misterio… Eso y más. Me parece que hay otra forma de decirlo y que hoy te invito a explorar: muchísimos espacios educativos sufren de una casi total ausencia de *Eros*.

¿Puede haber verdadera educación de la sexualidad sin Eros? No lo creo.

Digo *Eros pedagógico*, o digo *pedagogía erótica* y, claro, aparecen alertas y resquemores. No es fácil pensar algo así en tiempos donde el hostigamiento y el abuso sexual son una realidad constante y dolorosa. ¿Lo erótico en el salón de clases? ¿En la escuela? ¿De qué estamos hablando?

Te propongo algo: piensa en Eros, en lo propio de Eros, lo erótico. ¿Qué palabras surgen y son convocadas? Te digo las mías: pasión, deseo, anhelo, ganas, cuerpo, temblor, espera, secreto, revelación, misterio, encuentro, vitalidad, otredad, otro... Lindas palabras, ¿no? Eróticas. No sólo por su significado, sino también por su sonido, por la forma como las pronuncian los labios y la lengua. Prueba a decirlas despacio y en voz alta, detente en su textura, en su música, en su cadencia. Saboréalas como una fruta jugosa. Repítelas como un conjuro. ¿Te das cuenta? ¿Verdad que sí? Ahora te invito a que vuelvas a pensarlas, pero esta vez en relación con el acto educativo. ¿Qué pasaría si esas palabras, justo esas, estuvieran presentes en la educación sexual de niños y jóvenes? Sencillamente, no habría lugar para el aburrimiento y el vacío. Hace tiempo, no puedo recordar dónde, escuché que lo contrario al amor no es el odio, sino el hastío. Cuando Eros está presente, cada gesto se llena de intensidad y significado, cada momento importa.

Dice George Steiner que "El pulso de la enseñanza es la persuasión" (Steiner, 2004). Y persuadir es también convencer, atraer, *seducir*.

¿Qué quiero decir cuando nombro (¿convoco?) a Eros?

> Eros creó la vida en la tierra, como nos dice la antigua mitología griega. Cuando el mundo estaba desnudo e inanimado Eros "Tomó sus flechas dadoras de vida y penetró el frío seno de la tierra e inmediatamente la parda superficie se cubrió con exuberante verdor". Desde entonces Eros se distinguió por esa función de dar el espíritu de vida [...] la meta de Eros es desear, anhelar, tender permanentemente hacia algo, buscar expansión. (May, 1990: 64)

Eros es la fuerza creadora, la que despierta la tierra dormida o muerta, es quien infunde vida. Es el deseo, el anhelo, la pasión. Para Platón, es el puente que anula la separación entre lo humano y lo divino, entre las personas y los dioses, es decir, es el impulso que nos hace desear y tender hacia la totalidad, hacia aquello que podemos ser. Desde el punto de vista psicoanalítico, Eros se presenta como lo contrario de Tánatos, el instinto de muerte. Eros lucha por la vida, es la vida combatiendo contra la muerte (ibídem: 74).

Como muchas veces, es la palabra del poeta la que, en la brevedad de una frase, llega hondo e ilumina. Dice Octavio Paz: "El erotismo es, en sí mismo, deseo: un disparo hacia un más allá" (Paz, 1993: 18). No hacia *el* más allá, ése que nos espera (o no) al morir, sino hacia *un* más allá. ¿Cuál? Ése que nos llama, que nos invita, que nos convoca. Un más allá que es distinto para cada uno, tan nuestro como las huellas dactilares o los sueños que soñamos. Eros llevándonos hacia fuera. Salida de nosotros mismos hacia lo otro, hacia lo que no somos (aún), lo que no sabemos (aún), lo que no imaginamos (aún).

¿Cómo cuestionar la vieja idea de que el aprendizaje y el crecimiento son siempre consecuencia del sacrificio y la renuncia? ¿Es que no hay otra posibilidad? ¿Y el placer? ¿El disfrute? ¿El gozo? "Si el sufrir hace sabios, ¿qué clase de modelación produce el amor?" (Gutiérrez en Larrosa, 2005: 170).

Quizá el inicio es la curiosidad, ésa que nos inquieta y nos plantea preguntas, la que nos invita al movimiento y a descubrir. "Nacemos curiosos. La curiosidad es una fuerza básica para el desarrollo, nos lleva hacia, nos abre; es una fuerza revolucionaria en el mundo. La curiosidad es Eros", dijo Michael Vincent-Miller en el taller que impartió en México en junio de 2012.

Miro a mi hija. Miro su alegría por aprender, su hambre de saber el mundo, su impulso por crecer. La miro yendo a la escuela con una sonrisa plena, casi impaciente por los descubrimientos que le esperan. Al volver a casa, algo cansada y satisfecha, quiere compartir lo aprendido, repite algún experimento hecho en el aula, muestra sus dibujos. Y después, quiere seguir aprendiendo, incansable. ¿Cuándo termina ese milagro? ¿Cómo nos las arreglamos para destruir ese impulso? ¿Cómo apagamos esa curiosidad alegre para que su lugar sea ocupado por el peso de la obligación y el aburrimiento; a veces, incluso, del miedo?

Coincido con Carlos Skliar cuando afirma que en muchas ocasiones la escuela se convierte en el lugar donde se interrumpe la infancia, donde se interrumpe la imaginación, el cuerpo, la atención y el lenguaje de la infancia. Se enseña a ser cuerpo dejando el cuerpo de lado, se obliga a atender, sobre todo, aquello que no es interesante, se prohíbe el lenguaje libre, creador y encarnado. Se va a la escuela, dice Skliar, a hacerse hombres (incluso las niñas), a hacerse adultos, blancos, normales, ejecutivos en potencia. A hacerse viejos. A pasar de la dicha a la desdicha (Skliar, 2014).

Nada me parece más necesario y revolucionario en la educación de la sexualidad (y en toda la educación) que abrir las puertas al placer, a la curiosidad, a la creatividad, al cuerpo, a la infancia. Y cuando digo infancia no excluyo la educación media y la superior, pues pienso la infancia no sólo como un tiempo, sino también como un estado de curiosidad, apertura y descubrimiento.

Creo que una tarea esencial para quien enseña es la de educar a partir del placer, de la emoción y de la belleza. ¿De qué otro modo podría hacer de su materia algo que despierte el deseo?

Mira a un niño, a una niña, aprendiendo algo nuevo. Mira su intensidad, su modo de estar absorto, su curiosidad, su asombro. De eso se trata: de lograr —o al menos intentar lograr— esa magia. ¿La perdimos del todo al crecer? Quiero pensar que no, que, por el contrario, nos pertenece, está allí, quizá oculta bajo el peso de la rutina y la ansiedad por lograr cosas.

Recurro de nuevo a mi admirado Carlos Skliar: "La educación podría ser, quizá, dejar de interrumpir y dar paso a la irrupción. No interrumpir la infancia, sino hacerla durar todo lo posible" (Skliar, 2014).

Y es que la infancia, digo yo, es otro de los rostros de Eros.

Seducir, sí. No tengo duda al plantearlo: mis mejores maestros han sido seductores. Creo que una tarea central del maestro es la de seducir.

Seducir es atraer y ejercer una poderosa influencia en la atención, el pensamiento, el alma del otro. ¿Es posible enseñar sin ejercer esa atracción? No lo creo. Pero ¿atraer hacia qué? ¿Hacia dónde? Sobre todo hacia aquello que se pretende enseñar, hacia la novedad de un conocimiento, de una forma de mirar o de hacer, hacia la precisión de la geometría, hacia la complejidad de la biología, hacia las historias que caben en la historia, hacia las posibilidades que abre otro idioma, hacia la belleza, el misterio, la maravilla de la sexualidad.

El docente, entonces, es un seductor. Por supuesto, no hablo de ese lugar común, esa imagen más bien patética del profesor que pretende ligarse a los alumnos o alumnas aprovechándose del pequeño poder que le da estar frente a un grupo. Nada de eso. Hablo de algo mucho más trascendente: del docente como alguien capaz de despertar el deseo por aprender, de suscitar en el alumno la sed, el anhelo, las ganas de descubrir, explorar, experimentar algo nuevo.

¿Cómo suscitar el deseo en el otro? ¿Cómo despertar la sed y las ganas, el anhelo y la curiosidad por lo que aún no se conoce? En primer lugar, me parece, por contagio. Un educador puede atraer a sus alumnos hacia determinado conocimiento sólo si él o ella se siente suficientemente atraído. Cuando pienso en los maestros que han marcado mi vida encuentro en ellos una profunda pasión por lo que enseñaban, y en muchos casos esa pasión acabó siendo contagiosa.

El educador propone una forma de mirar o, aún más, hoy prefiero decir que el educador *es una mirada*. Tan es así, que puede llevar al asombro —si su mirada se asombra—, a la curiosidad —si su mirada es curiosa—, a conmoverse —si su mirada se conmueve.

Sin pasión por lo que se enseña, ¿se puede enseñar algo? ¿Y sin pasión por enseñar? No lo creo. Cuando algo nos apasiona queremos compartirlo, queremos que el otro aprenda a disfrutar lo que disfrutamos, a asombrarse por lo que nos asombra, a desear lo que deseamos. Alguna vez, ante la posibilidad de tener un hijo me pregunté: ¿para qué? Y la única respuesta poderosa que encontré fue: para que un día vea el mar. Era eso, el deseo de compartir la belleza y el asombro. El educador no es sólo un transmisor de conocimientos o de "verdad"; es, sobre todo, un generador de deseo.

Seguramente en nuestra historia, en la de cada uno, hubo algún maestro (en la escuela o fuera de ella) que nos contagió su pasión y nos despertó el deseo. Quizá ni siquiera advirtió el poderoso influjo que ejerció sobre nosotros. Y aun así nos marcó, nos dejó una huella imborrable, una sed que, acaso, no ha terminado de saciarse.

Decir *Eros* es también nombrar el cuerpo, la experiencia del cuerpo, las sensaciones que nacen en nuestro cuerpo ante los otros cuerpos.

Incluir el cuerpo. ¿No te ha ocurrido que al aprender algo, al descubrir una posibilidad inédita, ante la palabra del maestro o la maestra, tu corazón se acelera, tu respiración se agita, tiemblas muy suavemente? ¿No sería interesante y novedoso enseñar de tal modo que, además de estimular la inteligencia de los alumnos, hagamos despertar sus sentidos y su piel? Pienso en una pedagogía donde la palabra no se convierta sólo en más palabras, sino que sea capaz de tocar los cuerpos.

La palabra es, sin duda, uno de los caminos de la seducción, pero no cualquier palabra. Hace falta que esa palabra nazca de alguien encarnado y vaya dirigida a alguien.

Y es imposible hablar del cuerpo y de la palabra sin referirse a la lengua, que es ambas cosas o que puede serlo.

> Húmeda, carnosa, rosada, erizada, a la vez recóndita y audaz, la lengua es una avanzada del cuerpo sobre el mundo [...] Hecha para saborear, lamer y deglutir; intensamente ligada a la materia, parece recordar siempre algo de la animalidad y de lo sensorial sentidos que en la razón se conserva. Porque la lengua es también la que habla [...] resulta ser que la lengua, a la que comencé presentando como puro cuerpo, húmeda sensualidad, avanzada de nuestras entretelas, termina por ser, en una metáfora vigorosa y trascendente, no sólo lo que es sino también lo que parece favorecer: el lenguaje. A la vez cuerpo y alma (Daniela Gutiérrez en Larrosa y Skliar, 2005: 171).

Eros, como he dicho, es una salida hacia lo otro, hacia lo que no soy yo. Y quizá, de modo más radical, es salida hacia el otro o la otra, hacia otros concretos, con rostro, nombre e historia. Otros que miran de cierta forma, que sueñan, que ríen, que lloran y que algún día morirán. Otros tan reales y pasajeros como tú y yo. Sin los otros, Eros no tiene sentido, no tiene razón; aún más, no existe.

Ningún acto educativo se hace a solas; o se hace con el otro (otro real, no imaginado) o no existe. Al educar también hablamos de renuncias, y hay una que me conmueve especialmente: "Educar es renunciar a la ilusión de concebirse sin el otro y la pretensión de controlar los efectos" (Duschatzky en Skliar, 2009: 211).

¿Y si pensamos en una educación de la sexualidad apasionada? ¿Si imaginamos una pedagogía erótica? ¿Si nos asumimos no sólo como transmisores de información sino como generadores o instigadores de deseos? ¿Si nos permitimos seducir, es decir, cautivar la atención y el alma de nuestros alumnos? ¿Si partimos del placer y la belleza? ¿Si incluimos nuestro cuerpo y el cuerpo de los alumnos e hijos en la tarea de educar? ¿Si lo hacemos con esos otros y esas otras reales y concretos, que también tienen cuerpo y palabra?

Migajas en el camino

- No hay educación sexual sin la presencia de Eros.
- Cuestionemos la vieja idea de que el aprendizaje y el crecimiento son siempre consecuencia del sacrificio y la renuncia. ¿Y el placer? ¿El disfrute? ¿El gozo?
- Despertemos la curiosidad de nuestros hijos y alumnos. Para eso habrá que despertar también la propia curiosidad.
- Inventemos formas de enseñar a partir del placer, la emoción y la belleza. Usemos música, imágenes, colores, historias, juegos, miradas…
- La educación sexual ética nos propone que seduzcamos a nuestros hijos y alumnos. Seducir es atraer y ejercer una poderosa influencia en el alma del otro.
- Nuestra tarea como educadores es despertar el deseo por aprender, de suscitar las ganas de descubrir, explorar, experimentar algo nuevo.

- Educar exige pasión, ser poderosamente atraídos por aquello que enseñamos. Apasionémonos.
- Seamos educadores que llevamos al asombro. Asombrémonos y contagiemos esa capacidad de maravillarse.
- Más que enseñar verdades nos toca generar deseo.
- Incluyamos nuestro cuerpo y nuestra emoción en la tarea de educar.

Mensaje para Lía

Voy acabando esto que escribo, y al releer no hay párrafo en que no me pregunte si estaré a la altura de lo que escribo, si podré sostener con hechos mi palabra, si seré capaz de ofrecerte esta libertad de la que hablo. ¿Podré? Quiero poder. No es suficiente, lo sé, pero ya es algo.

Catorce años. Justo al borde de la pubertad. Tantas cosas a punto de cambiar. Tu sexualidad ha estado allí siempre, desde el primer momento de tu vida. Pero se acerca una nueva forma. Una emocionante. Te advertirán de peligros, riesgos y amenazas. Son ciertas. La sexualidad también puede lastimar. Y eso implica cuidar de ti y cuidar a los demás, no desde el miedo, que el miedo suele paralizarnos, sino desde la responsabilidad y el deseo de salud y de vida. Pero la sexualidad no sólo es eso. Está también el placer, la complicidad, el disfrute, el descubrimiento, la vitalidad, el cuerpo que vibra, el encuentro con los otros, la intimidad de los cuerpos, el calorcito, el abrazo, el canto de la vida. No dejes que te enseñen sólo el lado oscuro. La sexualidad también es luz. Hermosísima, deslumbrante.

En este libro he hablado de educación de la sexualidad y no he dicho lo más importante. Ninguna educación sexual tiene sentido si no nos invita a vivir con plenitud, a habitar eróticamente el mundo. Una educación sexual que no nos amplía la vida y no nos hace habitar el mundo eróticamente ha fracasado.

Si hay algo esencial, hija, es esto: estás aquí para nacer, para seguir naciendo. Estás aquí para sentir el sol en la piel, para que el mar no te quepa en los ojos, para saborear duraznos, para que la lluvia te empape, para equivocarte y recomenzar, para curarte cuando haya heridas, para consolar a quien sufre, para rebelarte ante la injusticia, para encontrarte con otros y otras, para inventar caminos, para leer historias, para escribir la tuya, para hacer el amor, para amar con un amor fértil que intente construir un mundo más humano. Todo esto es habitar eróticamente el mundo, es decir, oliéndolo, saboreándolo, tocándolo, escuchándolo, mirándolo, abrazándolo y dejándote oler, saborear, tocar, escuchar, mirar y abrazar por él.

Ah, pero amar y vivir plenamente no es siempre un acto pacífico. No te tocarán tiempos fáciles, pequeña, ya puede verse. Me parece que a tu generación le tocará, más que crear un mundo mejor, impedir que éste se derrumbe. Te tocarán, creo, tiempos de lucha. Y entonces, amar también será ser parte de esa lucha, de involucrarte en ella desde donde te toque. Luchar por los derechos de las mujeres y de los niños. Luchar contra el poder que nos quiere callados y sometidos. Luchar contra la violencia de cada día. Luchar contra la maquinaria que nos convierte en consumidores compulsivos, que nos quiere hacer creer que todo es mercancía y todo puede comprarse con dinero. Dar voz a los que no la tienen, los más pequeños, los animales, la naturaleza.

Deseo que puedas vivir plenamente y amar de estas dos formas, la que disfruta, ríe, prueba, juega y se asombra de la belleza. Y también la que se rebela y se indigna y no se somete y no se conforma. En el fondo ambas formas son lo mismo.

Anda, hija, toma la belleza y la furia, encuéntrate con otros y otras que también sepan amar y no los sueltes, porque sólo en los otros es que nos encontramos a nosotros mismos. Y corre, ve a la vida. Constrúyela, invéntala, abrázala.

Te está esperando.

Agradecimientos

Mi palabra, como puedes ver, está llena de otras palabras. Me gusta saberlo: palabras otras, palabras de otros, confluyen en mi palabra y la enriquecen, la nutren, la hacen florecer. A veces, esas otras palabras están tan entremezcladas con las mías que me cuesta trabajo distinguirlas. He intentado nombrar siempre a los dueños de esas palabras, pero temo que a veces no pude ya separarlas de las mías. Disculpen esta torpeza. De ningún modo lo entiendo como plagio, en todo caso es un modo extraño de agradecer y honrar esas palabras ya sembradas en mí y a quienes las pronunciaron.

Quiero agradecer especialmente a algunos maestros que hacen nacer mis palabras con las suyas desde hace ya unos años: Carlos Skliar, Fernando Bárcena, Joan-Carles Mèlich, Josep Maria Esquirol, Jorge Larrosa, Paul. B. Preciado, Darío Sztajnszrajber. Sigo aprendiendo tanto de ustedes.

Bibliografía

Barba, Andrés y Javier Montes (2007). *La ceremonia del porno*. Barcelona: Anagrama.

Bárcena, Fernando (2003). *El delirio de las palabras*. Barcelona: Herder.

——— y Joan-Carles Mèlich (2014). *La educación como acontecimiento ético*. Buenos Aires: Miño y Dávila.

Baricco, Alessandro (2006). *Los bárbaros. Ensayo sobre la mutación*. Barcelona: Anagrama.

——— (2019). *The Game*. Barcelona: Anagrama.

Bauman, Zygmunt (2005). *Amor líquido*. Buenos Aires: Fondo de Cultura Económica.

Brailovsky, Daniel (2015). "Ponerle el cuerpo a las relaciones pedagógicas". *Por Escrito*, 10: 11-15.

Butler, Judith (2001). *El género en disputa. El feminismo y la subversión de la identidad*. Barcelona: Paidós.

——— (2014). "El transgénero y el espíritu de la revuelta". *Revista Minerva*, 13. Madrid: Círculo de Bellas Artes.

Collera, Virginia (2019). "Sí, tus hijos ven porno (y así les afecta)". *El País*, 15 de febrero.

Comte-Sponville, André (2012). *Ni el sexo ni la muerte. Tres ensayos sobre el amor y la sexualidad*. Buenos Aires: Paidós.

Crispin, Jessa (2017). *Por qué no soy feminista*. Barcelona: Los Libros del Lince.

Delacroix, Jean-Marie (2006). *Encuentro con la psicoterapia*. Santiago: Cuatro Vientos.

———— (2010). "La terapia Gestalt en situación grupal: una estética en movimiento". *Figura Fondo*, 28, verano.

Derrida, Jacques (2000). *La hospitalidad*. Buenos Aires: Ediciones La Flor.

Despentes, Virginie (2018). *Teoría King Kong*. México: Random House.

Domínguez Monterroza, A. (2012). *Hannah Arendt. La educación como poética novedad*. Bogotá: Universidad Nacional de Colombia.

Easton, Dossie y Janet Hardy (2009). *Ética promiscua. Una guía práctica para el poliamor, las relaciones abiertas y otras aventuras*. Santa Cruz de Tenerife: Melusina.

Esquirol, Josep Maria (2006). *El respeto o la mirada atenta*. Barcelona: Gedisa.

———— (2015). *La resistencia íntima. Ensayo de una filosofía de la proximidad*. Barcelona: Acantilado.

Esteban, Mariluz (2011). *Crítica del pensamiento amoroso*. Barcelona: Bellaterra.

Estupinyà, Pere (2013). $S=EX^2$. *La ciencia del sexo*. Barcelona: Debate.

Foucault, Michel (1995). *Vigilar y castigar*. México: Siglo XXI.

Frigerio, Graciela (2015). "Entre grandes y chicos: tramas de relaciones complejas". Conferencia magistral en el I Congreso Internacional sobre Problemáticas en Educación y Salud: ¿Qué necesitan niños y adolescentes de los adultos hoy? Congreso Sociedades Complejas. Disponible en: https://www.youtube.com/watch?-v=v5-GAmKrrCs&t=1268s

———— (2017). "Educar, transmitir, narrar". Conferencia dictada en Conversaciones Pedagógicas I, organizadas por la Fundación Sociedades Complejas. Disponible en: https://www.youtube.com/watch?v=7ZmaZsX9dT0

Garcés, Marina (2013). *Un mundo común*. Barcelona: Bellaterra.

Giuliano, Facundo (2015). "(Re)pensando la educación con Judith Butler. Una cita necesaria entre filosofía y educación". *Propuesta Educativa*, 44: 65-78.

Gómez Cruz, Edgar (2003). *Cibersexo. ¿La última frontera de Eros? Un estudio etnográfico*. Colima: Universidad de Colima.

Gómez, Sol, Luz Elena Gallo y Jordi Planella (2017). "Una educación poética del cuerpo o de lenguajes estético-pedagógicos". *Arte, Individuo y Sociedad*, 30(1): 179-194.

Gros, Alexis Emanuel (2016). "Judith Butler y Beatriz Preciado: una comparación de dos modelos teóricos de la construcción de la identidad de género en la teoría *queer*". *Civilizar*, 16(30): 245-260.

Han, Byung-Chul (2014). *La agonía de Eros*. Barcelona: Herder.

——— (2015). *La salvación de lo bello*. Barcelona: Herder.

——— (2017). *La expulsión de lo distinto*. Barcelona: Herder.

Keen, Sam (1995). *La vida apasionada*. Madrid: Gaia.

Larrosa, Jorge (2003). Pedagogía y fariseísmo. *Revista Educaçao y Sociedade*, 24(82): 289-298.

Larrosa, Jorge, Carlos, Skliar, *et al.* (2005). *Entre pedagogía y literatura*. Buenos Aires: Miño y Dávila.

———, ——— *et al.* (2009). *Experiencia y alteridad en educación*. Rosario: Homo Sapiens.

Levinas, Emmanuel (1977). *Totalidad e infinito. Ensayos sobre la exterioridad*. Salamanca: Sígueme.

Llopis, María (2010). *El postporno era eso*. Santa Cruz de Tenerife: Melusina.

Lust, Erika (2008). *Porno para mujeres*. Santa Cruz de Tenerife: Melusina.

——— (2014). *It's time for porn to change*. TEDx Vienna. Disponible en: https://www.youtube.com/watch?v=v5-GAmKrrCs&t=1268s.

Masson, Lucrecia (2014). El cuerpo como espacio de disidencia. *Revista Hysteria*. Disponible en: http://hysteria.mx/el-cuerpo-como-espacio-de-disidencia/.

Maturana, Humberto (2002). *Emociones y lenguaje en educación y política*. Santiago: Dolmen.

May, Rollo (1990). *Amor y voluntad*. Barcelona: Gedisa.

Michaels, Mark y Patricia Johnson (2015). *Designed relationships. A guide to happy monogamy, positive polyamory, and optimistic open relationships.* Jersey City: Cleis Press.

Morgade, Graciela (comp.) (2011). *Toda educación es sexual.* Buenos Aires: La Crujía.

Morin, Edgar (2006). *El Método 6: Ética.* Madrid: Cátedra.

Pasini, Willy (1992). *Intimidad. Más allá del amor y el sexo.* Buenos Aires: Paidós.

Paz, Octavio (1993). *La llama doble.* Barcelona: Seix Barral.

Pérez de Lara, Nuria (2002). "Deseo de ser guía, tan sólo, saber callar, tanto más... y encontrar las debidas palabras". *Duoda. Revista d'estudis feministes,* 23: 113-122.

Pié Balaguer, Asun (2014). *Por una corporeidad postmoderna.* Cataluña: Universitat Oberta de Catalunya.

Preciado, Beatriz (2015). *Testo Yonqui.* Barcelona: Espasa.

Preciado, Paul B. (2015). Entrevista. *Parole de Queer.* Disponible en: http://paroledequeer.blogspot.com/2015/01/entrevista-paul-bpre-ciado-do-you-swallow.html.

——— (2019). *Un apartamento en Urano.* Barcelona: Anagrama.

Ricoeur, Paul (1991). *Autocomprensión e historia.* Barcelona: Anthropos.

Robine, Jean-Marie (2006). *Manifestarse gracias al otro.* Madrid: Los Libros del CTP.

Sal, Lisbeth y Pascal Levy (2012). "¿De qué hablan los juguetes eróti-cos?", *Viento Sur,* 124: 99-112.

Skliar, Carlos (2005). *La intimidad y la alteridad (experiencia con la palabra).* Buenos Aires: Miño y Dávila.

——— (2008). *El cuidado del otro.* Buenos Aires: Ministerio de Educación y Tecnología.

——— (2014). "¿Y si desobedecemos el lenguaje? Abrazar la infancia para educar desde el afecto ético". Conferencia impartida en la Facultad de Filosofía y Letras de la Universidad de Buenos Aires. Disponible en: www.youtube.com/watch?v=FjQCHaAcFCI.

——— (2016). "Pedagogías de la fragilidad: educar y apasionarse por las vidas singulares". Conferencia impartida en las 25º Jornadas

Internacionales de Educación, Argentina. Disponible en: www.
youtube.com/watch?v=uyavBQsL7jk.

———— (2018). *Pedagogías de las diferencias*. Buenos Aires: Nove-
duc.

Steiner, George (2004). *Lecciones de los maestros*. Madrid: Siruela.

Spagnuolo, Margherita (2016). "Las experiencias sexuales en el contexto
de la psicoterapia Gestalt postmoderna." *Figura-Fondo*, 39: 25-52.

Sztajnszrajber, Darío (2017). "El aula ha muerto: reflexiones filosóficas
sobre la experiencia postaulica". Conferencia impartida en el Tercer
Congreso Internacional "Formación de Profesionales de la Educación: Perspectivas y Desafíos Emergentes". Instituto de Ciencias de
la Educación, Universidad Autónoma Benito Juárez de Oaxaca. Disponible en: https://www.youtube.com/watch?v=mFr_hZp7G-M.

Traister, Rebecca (2019). *Buenas y enfadadas*. Madrid: Capitán Swing.

Trujillo, Graciela (2015). "Pensar desde otro lugar, pensar lo im-
pensable: hacia una pedagogía *queer*". *Educação e Pesquisa*, 41
(núm. especial): 1547-1540.

Valiente Noailles, Edgar (2006). "Dialogar con la incertidumbre".
La Nación, 19 de noviembre.

Young, Iris Marion (2005). *On Female Body Experience*: *Throwing Like
a Girl and Other Essays*, Oxford: Oxford University Press.

Zambrano, María. (2000). *Hacia un saber sobre el alma*. Madrid:
Alianza.

Una sexualidad de otro mundo de Francisco Fernández
se terminó de imprimir en julio de 2022
en los talleres de
Impresora Tauro, S.A. de C.V.
Av. Año de Juárez 343, col. Granjas San Antonio,
Ciudad de México